大國工匠

金

Metalwork

雷虎 撰
阮传菊 摄影

北京出版集团
北京出版社

传承大国技艺
守望热忱匠心

对传统技艺和艺人的最初印象，来源于中学语文课文。《核舟记》中技艺超群的核雕艺人，“能以径寸之木，为宫室、器皿、人物，以至鸟兽、木石，罔不因势象形，各具情态”；《口技》中的口技表演者，只“一人、一桌、一扇、一椅、一抚尺而已”，上演了一出精彩绝伦的情景剧。这些独具特色的传统技艺，如同星星，点缀在中国五千多年的文明史中，见证着中华民族的历史脉络和独特魅力，也照进人们的生活，构成我们衣、食、住、行、娱的方方面面。

近几十年，社会发生了翻天覆地的变化。市场经济与工业化进程如一辆快车，载着我们驶入新的生活，也带着我们渐渐远离了那些传统技艺。不知从何时起，庙会上少了捏泥人的手艺人，过年时门上不再贴木版印刷的年画，精美的瓷器、温润的玉雕似乎只能在博物馆见到，宛如天籁的大歌、古老神秘的傩戏也只能在民俗表演里见到。大量传统手工艺品被标准、高产的工业流水线产品取代，蕴含民族文化与特色的习俗也因文化趋势流变被推到消失的边缘，越来越多的老行当随着时代的推进从我们的生活中消失。

但是做了一辈子老行当的手艺人，却不能割舍这份感情。他们或隐身于闹市街巷的艺术工作室，或留守在深山的工艺保留地，或投身于专门的“非遗”保护传承机构，继续从事自己钟爱的事业。我们见过做木雕的手艺人，一笔一刻，在寂静的时光中雕琢每一件浸入心血的作品；我们见过雕版的工匠，平刀、圆刀、三角刀流转手中，勾勒出千变万化的美妙图案；我们寻访过隐世的银匠，见证最美的银器在烈火与锤打中诞生；我们光临过小县城中的皮影戏馆，看着皮影艺人和他们的观众一起慢慢老去；我们也几度“进宫”拜访神秘的文物修复师，看他们如何让一件件故宫的稀世珍宝“起死回生”……幸而有这些“择一事终一生”的“大国工匠”，在日益浮躁的环境中始终坚守本心，许多传承千年的传统技艺得以留存下来，在时代的洪流中继续绽放光彩。

与此同时，国家也逐渐加大对传统技艺及传承人的支持和保护。国务院先后公布了四批国家级非物质文化遗产代表性项目名录，命名了五批国家级非物质文化遗产代表性项目代表性传承人，对传统技艺及传承人现状进行了系统梳理；2011年《中华人民共和国非物质文化遗产法》实施，为非物质文化遗产的保护和传承提供了法律保障；每年6月的第二个星期六被定为中国“文化和自然遗产日”，让文化遗产保护的理念深入人心……在社会的共同努力下，众多传统技艺以“非遗”项目的身份重回时代舞台，并逐渐被人们看到、了解、喜爱。

更令人欣喜的是，“‘非遗’热”在引发民众对“非遗”项目关注的同时，也使许多富有创意的年轻人加入到了传统技艺的保护与传承队伍中，许多传统技艺也在适应时代的变化，大步向前，与时俱进：用传统手工艺打制的不锈钢酒壶畅销海外，刺绣的荷包成为“网红”伴手礼，蜡染布做的时装和布包成为时尚的代名词，甚至以宋锦织造技艺为灵感发明的人造血管已成功在临床上应用……这些经典的传统技艺，是念念不忘的绝响，就如同它们曾融入古人的生活一般，也渐渐在我们现代人的生活中放出光亮。

在这套十卷的丛书中，我们试图走进那些“大国工匠”的生活，记录他们的衣食起居，品味他们的酸甜苦辣；我们也尝试呈现那些传统技艺，梳理它们的历史源流，展望它们的传承创新。我们相信，在流量横行、“网红”遍地的当下，坚守本心、传承经典的工匠与艺人更值得被尊重；在物质丰富、文化多样的今天，精雕细琢、饱含底蕴的手工技艺更值得被推崇。

目录

本篇撰文：波音

汨罗江畔，
屈子的《离骚》如河水般激昂奔流；
铜绿山中，
矿工的炉子里烈焰熊熊。
荆楚 800 年的神韵，
一刀又一刀，
刻入一件件青铜器的躯体，
积淀在一代代楚人的脑海。
当穿越时光的大门再度开启，
古老的技艺苏醒了，
楚式青铜器复活了。

南国重器：天地同寿，日月齐光

“（楚庄王）遂至洛，观兵于周郊。周定王使王孙满劳楚王。楚王问鼎小大轻重，对曰：‘在德不在鼎。’庄王曰：‘子无阻九鼎，楚国折钩之喙，足以为九鼎。’”

“楚王问鼎”的典故，生动地描绘了春秋战国时期南方的楚国意欲称霸天下的雄心，也揭开了楚国与青铜器之间华美往昔的帷幕。

青铜文化是早期中华文明十分重要的组成部分，商周两朝形成了内涵丰富的青铜礼仪制度，所谓“无青铜，不商朝”。及至西周，中原地区形成了完备的礼乐制度，以确定贵族的地位尊卑，维护周天子至高无上的地位。这套礼乐制度以青铜礼器为载体，主要以食器的鼎、簋和乐器的钟、磬为组合，“明尊卑，别上下”，贵族们在祭祀、宴飨仪式中，都要按照身份等级使用礼器，器物的形制、大小、组合关系都与其身份地位相关。

到了战乱纷纷的春秋战国，虽然以孔子为代表的名士痛惜“礼崩乐坏”，但各诸侯国依然对青铜礼仪制度保持着一定的敬畏，所以“楚王问鼎”被视为对天下秩序和周王室的严重挑衅。

楚王敢于问鼎，一方面是因为本国军事实力强大，另一方面是因为楚国自身有着辉煌的青铜文化，足以与中原“分庭抗礼”。

早在商朝末年，楚国先民就一路南迁到达长江中游的江汉平原，他们励精图治，创造了独特的文化。还在那个久远的时代，江汉地区就以铜矿资源丰富而闻名于世，是中原王朝青铜原料的重要来源地。商朝早期就曾在长江边的盘龙城设立飞地，控制铜矿的生产。周天子更是分封了“汉阳诸姬”，即若干个嫡系诸侯国，来保障从江汉地区到中原的铜矿石的运输安全。

春秋时期留下的大冶铜绿山古铜矿遗址，给后人展示了当时古人开采铜矿并冶炼的壮观场景。在长 2 千米、宽 1 千米的遗址中，密集分布着古矿井、冶炼遗址、炼铜炉以及多达 40 万吨的炉渣！遗址内发现的铜锭含铜量高达 93%，但地表留下的炉渣中含铜量却很低，说明古人的冶炼技术已十分先进。

随着楚国历代君主的南征北战，南方地区的铜矿以及青铜冶炼技术陆续被楚人收入囊中，楚式青铜器迎来了辉煌的时代。

制作楚式青铜器的工具

20世纪六七十年代，湖北省陆续出土了大量的青铜器。比如，1965年江陵县望山1号墓出土的青铜剑，剑刃薄而锋利，色泽如鲜。郭沫若曾赋诗曰："越王勾践破吴剑，专赖民工字错金。银缕玉衣今又是，千秋不朽匠人心。"虽然剑被称为勾践剑，却是楚人的杰作。另外，1978年随县（今随州市）曾侯乙墓出土了大量青铜器。曾国虽为姬姓诸侯国，但被楚国征服后，一直是楚国的附庸国，深受楚国文化的影响，曾侯乙墓出土的众多青铜礼器具有典型的楚式青铜器特征，具有夸张飞扬的造型和鬼斧神工的纹饰。

专家公认，楚式青铜器的纹饰既在一定程度上保持了与中原青铜器的一致性，又具有独特的地域特色。它具有独特的花纹——似浪花飞溅的变形蟠螭纹、以线条勾勒的极度简化的凤鸟纹。它具有精湛的工艺，比如青铜嵌错工艺——在铸好的铜器表面镶嵌其他材料做成的丝或片，再用错石将铜器表面磨错平整，构成纹饰或文字。用于镶嵌的物质包括绿松石、红铜、金、银等。曾侯乙墓出土的许多青铜器就镶嵌了绿松石。此外，楚地也出土有嵌错红铜技术的青铜器。

楚式青铜器之于中华青铜文明，正如《离骚》之于中华古代文学，同属南国神采飞扬的文化高峰。此后秦统一六国，楚式青铜器也融入了更为宏大的中国古代文化世界中。

∧ 青铜器《马踏飞燕》

＞ 青铜器《越王勾践剑》

∧ 造型奇特的楚式青铜器

口传心授：路漫修远，上下求索

光阴流转，楚国已成往事，今天的人们似乎只能从春秋战国时期的古墓中，一睹那些精美的楚式青铜器。2 000 多年的时空间隔，楚式青铜器的制作技艺早已失传……

寒冬腊月，我们来到与荆州市区一江之隔的公安县埠河镇一处农家院落，这里是国家级非物质文化遗产代表性项目铅锡刻镂技艺代表性传承人敖朝宗的家。敖师傅家族修复、复制古代青铜器的技艺世代相传，敖朝宗作为第四代传人，十几岁就跟随父亲和外祖父学艺。

由于历史和家庭的原因，敖朝宗成年后进入沙市印染厂当了一名焊接工人，一度放下了这门祖传手艺，他的一身本领也没有了用武之地。一直到 1996 年从印染厂退休，出于改善家中经济条件的目的，敖朝宗才又动起了做仿古青铜器的念头。他重新捡起了这门手艺，制作出的几件仿古青铜器很快得到了专家的赞赏，湖北省博物馆特地请他去复制馆藏的青铜器。他就靠这门手艺赚了点钱，补贴家用。

就这样，敖氏青铜器又“重现江湖”。

院子里整洁有序，各式各样的模具堆放整齐，制作精美的青铜器作品摆满陈列架：《越王勾践剑》《马踏飞燕》《雕花铜壶》……令人眼花缭乱。屋内还不时传来一阵阵金属敲击声，铿锵悦耳。

作为第三批国家级非物质文化遗产代表性项目铅锡刻镂技艺的代表性传承人，敖朝宗秉承世代相传的家族技艺，能够制作出繁复的纹饰和精美绝伦的青铜器。

“铅锡刻镂技艺经我们祖辈数代人总结、改进而成。经过20多道工序，利用铅锡的特性，通过锤打、扭曲、编织、挤压、刻镂等手法，把平面纹饰和立体、扭曲、镂空等造型方法结合起来，把器物形状和动物形态完美融合。”敖师傅解释，“楚式青铜器纹饰繁复华丽，古代的泥模、蜡模保证不了造型效果，刻镂力度更难把握。我们在遵循传统的基础上创新，把泥模改成铅锡模。铅锡软而柔，延展性好，造型灵活又能适应各种刻镂技法，而且成型稳定。”

精细的工艺品铸造与雕刻过程十分复杂，手工制作的工匠如何能够掌握各个环节的诀窍呢？

面对我们的疑问，敖朝宗和盘托出，敖氏家族的技艺秘诀就储存在一整套口诀里。

“第一，‘制器先有模，无模难成器，成

/\ 青铜器上有不少以荆楚文化为载体的特色纹饰

模有尺寸’‘成模上铅锡，刻镂驰其中’；第二，制模讲求技巧，‘圆刮方削成模道，动物成模先观形’‘分划分三四，六八方位出，宫格画纹饰，上下高低皆有度，反复比较能安心’‘万物有型，物象必实，实则可镂’；第三，技艺注重刀功，雕刻时要‘肩背紧、手腕活，脚落地、手落桌’；第四，下刀要讲方法，‘挑刀指用劲，以免伤眼窝’‘用刀力必致，用针力上尖’；第五，尽管花饰繁复，但有章可循，‘单元相同刻一侧，花形相对刻一片，平起平走刻一排’。这样‘每刀相连，前后相引’，方能‘四平八稳，镂花凝重’……”

对于青铜器的纹饰雕刻，敖朝宗十分强调心智的磨砺。在工作中，工匠应“恒定心力，眼手一致，宁停不急；紧而不急，慢而不松，心气平和”，即使中间刻错了，也不必从头做起，施行局部修复即可，“如有错，宁可错不可乱”，“审形若要改，改动应先思”。

敖氏家族的口诀世代相传，这种口耳相传的技艺传承方式，正是古代大量珍贵“非遗”技艺得以存续至今的关键。荆州市文化馆的谢志华介绍：“敖氏家族世代以口传心授的形式，把无形的文化理念转化为操作性强的实用技艺，并在传承中将新的体验与心法融会贯通，丰富了青铜文化的人文内涵。”

续脉荆楚：余心所善，九死未悔

从小耳濡目染，十几岁跟随长辈刻苦学艺，敖朝宗师傅现已年过花甲。在这段铿锵生涯中，他不局限于家族的言传身教，勇于创新，不断钻研古代青铜器知识和金属加工技艺，通过不懈的努力与实践，造诣日渐深厚。经他复制的古青铜器已达到惟妙惟肖、炉火纯青的境界，具有极高的审美价值和艺术价值。

特别值得一提的是他在青铜器纹饰雕刻方面的精湛技艺。楚式青铜器纹饰繁复精细，纹饰制模技艺被普遍认为已经失传。而敖师傅独

门的铅锡刻镂技艺，是利用铅锡的独特性能，能让工匠们对器物的纹饰及造型运用自如，最终制成精致的模型。

“你看，这么细的花纹，如果用其他的材料刻制，很难达到这种效果。”敖师傅一边示范一边说，“造型做好以后，我把螺丝一松，轻轻一拔，模具就提出来了，而且成型稳定。”

△ 敖朝宗制作的青铜器惟妙惟肖，具有极高的审美价值和艺术价值

敖朝宗用铅锡刻镂技艺铸造出来的青铜器，在纹饰造型上与出土的古代青铜器高度相似。他的楚式青铜器作品公开后，立刻引起了当

> 敖朝宗的儿子敖兴华在画图稿

∨ 铸造青铜器前需要画出精细的图纸

地文物界的关注。他曾多次受湖北省文物考古研究所、湖北省博物馆邀请，参加文物发掘与文物复制工作。他的这项技艺也成为一项国家级非物质文化遗产，他的作品还入选上海世博会，并获得首届中国非物质文化遗产博览会银奖等多种奖项，他本人也被评为铅锡刻镂技艺代表性传承人。

考古学家目前还无法确认，昔日楚国工匠们在雕刻精美的青铜器纹饰时，使用的技艺与今天敖朝宗的铅锡刻镂技艺是否相同。但敖师傅传承和创新的这项技艺，仍然具有很高的文化价值和工艺价值。依靠手工复制出几可乱真的古代青铜器的过程，本身就是对失传良久的古老青铜技术的探索。铅锡刻镂技艺为青铜器金属制模研究提供了丰富的实物资料和完整的传统工艺制作过程，为青铜艺术及铸造工艺的学术研究打开了一个新的窗口。

与此同时，敖朝宗也畅游在古代青铜文化的海洋中，吸收着春秋战国时代先民的文化养分。

“这是楚国的代表性器皿——敦，是用来装五谷的；这是豆，相当于我们现在装凉菜的器皿……不同的食物用不同的器具来盛装，表明当时的人对饮食是非常讲究的。”敖朝宗喜欢跟客人讲解青铜器所蕴含的文化，因为每一件青铜器都有讲究。

考古出土器物的拓片，是敖朝宗向祖先拜师学艺的“宝典”。比如狩猎纹壶出土极少，他获得有关拓片资料后，仔细研读，把其中两种狩猎纹饰进行了复制，制作出了仿古狩猎纹壶。这是他的得意之作。

正是由于对古代文化的学习和理解日益深厚，敖朝宗制作的青铜器才能如此贴近古代青铜器的神韵，并受到市场的欢迎。他把铅锡刻镂技艺和古代青铜文化有机地结合在一起，提升了青铜器制作工艺水准，提高了青铜器文化艺术价值，从他手中出来的复制青铜器，价格往往是市场上普通仿古青铜器的几倍。

然而，敖朝宗也有烦心事。他告诉我们：“现在的人喜欢收藏，我们想搞市场化，愁的是做的人少，产量跟不上。过去有很多人提着礼品争着上门拜师，现在我们包吃包住高薪雇人来做，人家都坚持不下去，嫌辛苦。”

于是，至今铅锡刻镂技艺仍然只是敖氏家族的“专利”，依靠家庭传承。敖朝宗的儿子敖兴华、敖兴强是第五代传人，跟随父亲学艺20年，与家人一起经营家庭作坊。这个作坊并不仅是敖朝宗和两个儿子的工厂，两个儿媳也都参与进来。

“现在我们家七人在做（青铜器），真正算作传承人的只有父亲和我，父亲很担心孙子不愿意学。我们盼望有人来学，不想让这门祖传手艺消失。”敖兴华坦诚地说。

如今，敖氏作坊制作的青铜器越来越受到社会认可，上门定做青铜器的人也越来越多。在敖朝宗看来，这个良好的趋势与整个社会开始重视“非遗”文化密不可分。

虽然已经年逾七旬，但敖朝宗仍然在作坊里锤打雕刻。他的梦想是在家乡的景区开设一间前店后厂的青铜器工艺品店，游客可以在里面参观整个青铜器的制作流程，也可以仔细欣赏和购买楚式青铜器工艺品。若能实现，这个场所就将成为荆楚"非遗"文化的展示窗口，让更多的人领略到荆楚文化历久弥新的独特魅力。

长路漫漫，古稀之年的敖朝宗还在楚式青铜器的制作之路上求索。

∨ 敖兴华在青铜器上雕刻花纹

铜炉：

沉醉铜炉一缕香

“请您寻出家传的霉绿斑斓的铜香炉，
点上一炉沉香屑……
您这一炉沉香屑点完了，
我的故事也该完了。”
这是张爱玲的小说《沉香屑·第一炉香》的开篇。
汉代的青铜博山炉、唐宋的瓷炉、明清的宣德炉，
各式香炉冒出的缕缕青烟，
传承了一部至雅的中国香文化史。
随着岁月的变迁，香文化逐渐衰落，各式香炉制作技艺随之凋零，
以致王世襄感叹：
“这种生活已经离我们很远，以至世人难以想象，
但历史上确实有过。”
中断了传承的百年铜炉世家，
试图以一家之力为中国香炉史谱写续集。
“古有宣德炉，今有巧生炉”，
马未都对铜炉世家的盛赞，
是言过其实还是实至名归？

城市边缘铜炉馆

∨ 陈巧生

车辆驶出苏州阊门，沿着山塘河一路向北而行。离开苏州老城区，每行几分钟就要跨水过桥。每到河流交汇处，就有熟悉而亲切的小镇迎面而来——陆慕、渭塘、黄桥、阳澄……这些地名中最耳熟能详的当数阳澄——这里的阳澄湖大闸蟹享誉全国。而亲切，则是因为它们是苏州历史上赫赫有名的“相城十绝”发源地：陆慕泥盆、相城琴弓、渭塘珍珠、黄桥铜器、阳澄渔歌……

车辆最终在一片道路宽阔但无车迹的工业园区停下。在我印象中，这儿应该是各式工厂的聚集地，不该是“大隐隐于市”的苏作艺人待的地方。一开车门，“苏州巧生炉博物馆”

的指示牌就给我们指明了方向。走近藏身在现代化建筑中的苏州巧生炉博物馆，只见一位身材高大，身着黑布衣，头戴灰毡帽的老者站在博物馆门口，正朝一队西装革履者挥手告别。这位老者看上去没有半点匠气，却有着绅士的派头。他就是陈巧生。

互相通报姓名后，陈巧生直接把我领进他的办公室。他把红木案台上的香炉盖掀开，加入一块沉香片之后又盖上。待香炉中一缕青烟升起，陈巧生才深吸了一口气说："我和铜炉的故事，得从清朝宣统三年（1911 年），我爷爷陈俊青划着小船，自南通沿山塘河从阊门进苏州城开始说起……"

清朝宣统三年，也就是 1911 年，中国开始发生巨变，铜匠陈俊青的生活却变得难以为继。为了生计，他不得不包了一条乌篷船，载着新婚的妻子和铁锤、风箱等谋生工具，从南通出发，过长江到苏南沿河卖艺。每到河流交汇处的市镇，他就把船泊在码头边，挑着工具沿街叫卖，希望有人能够打制取暖用的铜手炉和"汤婆子"（一种用铜制的器皿，里边可以装热水，常用来暖被窝）。

陈俊青对自己的手艺很自信，因为他在南通一家铜铺当过学徒，学了一门打铜手炉的好手艺，博得了"铜一锤"的名号。他打的铜手炉，里面放进红木炭，外壁不烫手，只会持续不断发热。这样的上品手炉向来是大户人家必备的嫁妆。妻子也对未来充满自信，自己一到冬天就抱着丈夫打的铜手炉不放，她认为"荒年饿不死手艺人"。但是他们的小理想却遇见了大麻烦——沿河人家普遍吃不饱穿不暖，就连买木炭的钱都没有，哪还拿得出铜料，请得起铜匠？

陈俊青只好划着乌篷船继续向南，抵达苏州城才停下来。姑苏自古繁华，不仅有很多大户人家，而且市民普遍富庶，能消费得起"高大上"的铜手炉和"汤婆子"。

< 陈巧生拿起一块蜡模迅速进入工作状态

∧ 陈巧生珍藏的精品《錾刻朱雀挂熏炉》

> 陈巧生铜炉作品《掐丝珐琅龙凤呈祥》

夫妇俩划着船从阊门进苏州，在阊门内的沿河街上岸。妻子拆了 条被了做了两个幌子，上面各绣了四个大字——陈氏铜坊。一个幌子挂在铜坊门口招徕本地客户，另一个插在乌篷船上，随着船在苏州城的小桥流水间穿梭。夫妇俩日子过得清苦，但是总算安定下来了。

时局动荡，但是夫妇俩毫不关心，他们只在意如何让刚开张的陈氏铜坊活下去。

∧ 陈巧生作品《五福寿香熏炉》

< 陈巧生作品《博山炉》

三代一铜坊

> 陈巧生作品《錾刻帝王熏炉》

夫妇俩在沿河街定居后，陈氏铜坊的主打产品依旧是防寒的铜手炉和“汤婆子”，但是陈氏铜坊开张时，江南的冬天已经接近尾声，来定制防寒用具的客户并不多。再加上沿河街水运交通便利，陈俊青不得不面对好几个外地铜匠和十来家代表苏工的“黄桥铜器”的竞争。

面对激烈的竞争，陈氏铜坊不得不扩大业务范围。除“高大上”的铜手炉外，他还做起了“接地气”的铜盆、锅铲，即使这样，也只能勉强维持生计。

好在沿河街的铜匠们相互竞争也相互“偷师”，大小铜坊的铜器铸造水平也随之提升。沿河街的铜坊并没有因竞争而衰落，反而成为整个江南地区铜器的制造中心，定制铜器的客户络绎不绝，陈氏夫妇对未来依然充满希望。

冬去春来，天气暖和起来了，陈氏铜坊的生意越发冷清了。陈俊青“心忧‘炉’贱愿天寒”，但也无计可施，百无聊赖之际拿出一只在南通做学徒时打造的铜盒把玩。这时，铜坊里走进几个摇着折扇的书生，他们对铜坊精致的铜手炉、“汤婆子”，以及具有生活气息的铜盆、锅铲都毫无兴趣，但看到陈俊青手上把玩的铜盒时眼睛开始放光，竟然愿意出五两银子收购。五两银子对大户人家算不得什么，却抵得上陈铜匠家两个月的花销。

妻子心动了，但陈俊青说什么也不卖，因为这只铜盒是陈俊青在南通当学徒时，依古书上记载的形制打造的器物，名为“印香熏”，是一位南通秀才发明的焚香器。陈俊青将其带在身边，不为焚香雅事，只为对家乡有个念想。

书生虽然对“印香熏”情有独钟，却也不夺人所爱，只嘱托陈俊青再打造一个，甩下五两银子，便摇扇出门而去。从此，陈氏铜坊便从打造生活铜器向打造文玩铜器转变。

1925 年，陈俊青的儿子陈如刚出生。儿子成人后，他又多了一个帮手，陈氏铜坊越发兴旺了。几十年间，陈氏父子“两耳不闻世间事，一心只铸铜香炉”，陈氏铜坊也从一条来苏州讨生活的乌篷船发展成沿河街首屈一指的铜号。

1956年，也就是陈氏铜坊创立的第46年，面对公私合营的浪潮，陈如刚关掉了铜坊。一年后，陈如刚的妻子诞下一个男孩，陈如刚给这个男孩取名陈巧生。

“不知父亲是说儿子出生得太巧了，不用做铜匠了；还是说铜坊关得太巧了，刚一关儿子便出世了。”陈巧生口述完陈氏铜坊的历史后，下意识地看了一下铜香炉，香炉中的沉香正好焚尽。

> 陈巧生作品《狮庆双福螭龙耳鼎熏炉》

∧ 陈巧生作品《带座高足鬲炉》

陈巧生作品《錾刻兽首衔环耳鼎熏炉》

从宣德炉到巧生炉

我以为陈巧生会在香炉中再放一块沉香，讲以自己的故事为蓝本的“沉香屑·第二炉香”，他却示意我起身，要带我去他的铜炉作坊。对于手艺人来说，一切都得用器物说话。陈巧生遗憾地说：“祖父和父亲的作品没有一件存世，世人就认为他们没有存在过。可惜！”

车辆穿河过桥，当看见桥上有人骑自行车飞驰而过时，陈巧生情不自禁地讲起了自己的故事：“我记事的时候，陈家的铜炉坊没了，但是陈家依然给集体做铜匠。那时不允许做‘私活’，我就像祖父一样挑着铁锤和风箱走街串巷。给别人打铜器时，我从不收手工费。每打一件四斤重的铜器，我收他们四斤半铜，多收的半斤作为损耗，算我的人工。几年打铜下来竟然积攒了数目可观的铜。我就用这些铜换了一辆自行车，剩下的就在父亲的指导下偷偷打造一些铜制小玩意儿。我就是用攒下来的铜偷偷摸摸地学会祖传的手艺的。”陈巧生沉醉在往日的回忆中，仿佛那骑自行车飞驰而过的年轻人就是他自己。

“做铜匠虽然辛苦，但是有手艺在，可以做‘私活’，生活条件会好一些。别人肩挑背扛时，我已经有了运输工具。在自行车两边各加一个

筐，一边放风箱，一边放工具，打铜更方便了，逃跑也更利索了！”陈巧生说到这里哈哈大笑起来。他想起有一年冬天，他骑着自行车给别人打铜器时被人举报。情急之下，陈巧生骑车逃跑，为了毁灭证据，竟然把铜和自行车一同沉进了河里。

“后来，我扎猛子到河底打捞。冬天河水

∧ 錾刻是铜炉制作中的重要工序之一

△ 陈巧生的铜炉作坊里，正在錾刻的工匠们

冰冷刺骨，车和铜又都奇重无比。还好我打铜练得一副好身板，不然很难捞得上来！”陈巧生的故事还没讲完，我们已出了苏州地界，到了常熟。

100多年前祖父划着船进苏州城，在沿河街开创陈氏铜坊。100多年后，陈巧生为了让铜坊重新开张，不得不从苏州城出走——制作铜炉的环境很恶劣，会产生大量粉尘和很大的噪声。更重要的是，苏州老城区地价太高，而且陈巧生的铜坊要占地四五千平方米，城内根本找不到这样的地方。

车还未进工厂大院，老远就闻到刺鼻的煤烟味，听到叮叮当当的声响。走进大院后，我终于寻到煤烟的起源——一位师傅正在往煤窑里面添煤，而窑内正在炼铜水。声响则来自楼门口的两位年轻人，其中一个正戴着耳机打磨铜胎。他们在用纯手工的方法仿制宣德炉。

捕捉到我听到“仿制”二字时有点不屑的神情，陈巧生会心一笑：“仿宣德炉，我用了40年时间，到现在还不敢说完全仿制成功。能把宣德炉仿制得形神兼备，我此生就功德无量了！”

陈巧生开始介绍他仿制宣德炉的经历。

被誉为“明代文玩之首”，承载了贵族祭祀礼仪和香道文化的宣德炉，不仅在工艺上早已失传，甚至从文化上也已断代。就连铜炉世家出生的陈巧生，在长大成人前也不曾听说过宣德炉。“记得我第一次看到宣德炉的造型，是在20世纪70年代，一位古董商人拿着一张铜炉的照片，问我能不能打造。这时我才知道世界上原来还有这样别致的铜炉。我当时年少气盛，说我能仿，但是真正仔细研究了这铜炉后，我就没底气了。宣德炉可是召集全国能工巧匠打造的一款代表国家科技文化水平和审美品位的器物，岂是说仿就能仿的？”

我们随陈巧生走进一个车间，各种造型的模型摆了一地。“我研究了几年古籍才搞清楚

铜炉半成品

▽ 陈巧生制作铜炉的工作台

明清铜炉制作有陶范法和失蜡法两种。其中失蜡法更先进，主要用来制造复杂的器型。所以在仿制宣德炉之初，我就决定啃最难啃的骨头！”陈巧生说完，拿起一块蜡模迅速进入工作状态。

“所谓失蜡法，就是先用蜡和泥粉、炭末等做成一个有三层铸模的坯胎。内外两层为坚实的模骨，内层为蜡坯。加热后，让内层的蜡坯熔化流出，形成空坯，然后往空坯内灌入 1 600 摄氏度的铜水，待铜水冷却后，就形成了铜炉粗坯。粗坯形成后，再经过修器打磨、皮壳着色等工序，铜炉就‘新鲜出炉’了！”陈巧生花了一个小时演示完全部流程。但实际上，一个铜炉，从制作模骨到皮壳着色，耗时短则三个月，长则一两年。陈巧生从第一次看到宣德炉，到研究古籍，再到在家建起小柴窑，‘足不出炉’地捣鼓了 10 年，仿制的铜炉才被古董商人认可。而从仿制宣德炉成功，到打破宣德炉的桎梏，打造出被马未都称赞“古有宣德炉，今有巧生炉”的陈氏风格的铜炉，又用了整整 30 年。

参观完铜炉作坊后，我们又回到苏州巧生炉博物馆。博物馆内陈列着各朝各代的仿制炉，从汉代博山炉到明代宣德炉，应有尽有。这些展品，除了几件是陈巧生费了九牛二虎之力搜来的真品外，其他都是他自己仿制的。

“不是我不想把真正的铜炉展示给大家看，实在是因为铜炉的历史地位太特殊了。就连鲁迅先生的《阿 Q 正传》里，都把宣德炉作为封建文化的代表——革命冲击了静修庵，赵秀才和假洋鬼子带走了宣德炉。革命过后，宣德炉就不再在观音娘娘的宝座前了。”陈巧生站在博物馆巨大的博山炉前，把玩着手上的仿制宣德炉。此时，他不像是一个制器的手艺人，更像是一个在论道的文人。

每年，陈巧生不但要掏出 200 多万元来供养 2 400 平方米的苏州巧生炉博物馆，还需要花一大半时间在上面。博物馆地处偏僻，每天来观炉、闻香者没有几个，我问他值不值，他说这不是值不值的问题。陈巧生不仅要建铜炉博物馆还原铜炉的历史，还想把制炉人的苦乐辛酸拍成电影展示给世人。

不胜收，置身熏炉青烟间，不是仙境胜似仙境。
美哉！博山炉。

△ 2 400平方米的苏州巧生炉博物馆

做木箍桶、打白铁皮、做竹蒸笼、做布鞋……
那些旧时生活中热门的老手艺，
随着现代化的进程，大都已经成了回忆。
越来越多的老行当，随着时代的推进退出了历史舞台，
但做了大半辈子老行当的老手艺人，
却不能割舍这份感情。
他们隐身在旧街巷中，
继续从事自己的职业。
江苏南京年逾八旬的老人夏依海，
打了大半辈子白铁，希望能打到100岁。
但随着白铁慢慢退出人们的日常生活，
老人的作坊无以为继。
还有些年轻人，放弃高薪，
用全新的技术来改造传统的工艺，
把家族手艺做成了“高精尖”。
浙江永康30多岁的小伙子，
把白铁做成酒壶，主攻欧美市场，
做“铁皮匠”10余年，
把濒临倒闭的家族企业做到了世界前三。

醉里抡锤打铁

南京下关永宁街北是南京老城改造区，一栋栋老屋被喷上“拆”字，老住户纷纷搬离，让本来就破败的老旧街区显得更加萧条。在一条小巷的入口，断壁残垣之间，有一栋铁皮屋分外抢眼。铁皮屋一面靠墙，其他三面用白色的卷帘门拉起，就连屋顶也用白铁皮做成，四周挂满了白铁制成的水壶、漏斗、水桶、铁锅……这铁皮屋的主人，不但和白铁有着铁一样的关系，还有着铁一般的意志。他叫夏依海，已经81岁高龄，在下关永宁街上，他的铁皮人生已经持续了71年。

∨ 夏依海用白铁皮做的浇花水壶

夏依海做白铁皮的技艺极高。有图纸的自然不在话下，没有图纸的，只要说出形状，他就能做得八九不离十。有的顾客跑来做东西，要做成什么样的都说不出，但只要能说出什么用途，要多大尺寸，夏大爷就能做出这人想要的物件。因而早在几十年前，夏依海的白铁铺子就已远近闻名，附近居民家的铁皮物件几乎被他“垄断”。

夏大爷年轻时喜欢闯荡，干过的行当多达几十种。学得一身本领后，他带着几十号人在外面包工程、做项目，一时风光无限。但是无论做什么工种、身处何处，他打铁的手艺都没有落下，而且能与其他行业融会贯通。活动范围越广，干的行当越多，他的技艺就越精进，声名也传播得更远，以至无锡、苏州甚至上海、北京等地的客户都发来订单。

后来，他厌倦了奔波，在南京下关永宁街北安顿下来，开起了自己的白铁铺。别人补锅打铁，都是扛着工具走街串巷，而夏依海却始终踏踏实实守在自己的白铁铺里。因为在他看来，打铁是一项“为人民服务”的技术活儿：“如果我走街串巷没有固定店铺，那我的顾客上哪儿找我去？只有技术不过关，得不到认可的打铁匠才会走街串巷。今天做的水壶，明天就漏了，顾客当然不满意。顾客不高兴，你就活不下去，当然要打一枪换一个地方。”

∧ 虽然已经年逾八旬，夏依海工作起来仍然不输年轻人

＜ 夏依海的手虽饱经沧桑，仍十分有力

正是因为秉承着这种理念，当自己开了几十年的白铁铺被拆掉后，夏依海顽强地在废墟上用三面卷帘门、几张白铁皮，靠着一面墙造出了一个袖珍的铁皮屋，继续“为人民服务”。

狭小的铁皮屋里除了琳琅满目的工具和白铁制品，就只能放下两把椅子。一把供夏大爷休息，另一把是为老伴儿准备的。每天 7 点多，夏大爷就从家里出发，坐一个多小时公交车，晃晃悠悠地来铁皮屋上班。通常上午都没有什么顾客，但夏大爷从不迟到。中午，老伴儿会把做好的饭菜送过来，两碟小菜，一碗米饭，一壶小酒。吃饭的时候，是顾客最多的时候，因为街坊邻居们回家时，都会光顾夏大爷的铁皮屋。补锅的、配钥匙的、取水壶的，吃一顿中饭要被打断好几次，再加上夏大爷时常会小酌，所以这一顿饭往往要吃两个小时。吃完午饭，老伴儿也不着急回去。活儿不忙的时候，老两口儿就坐在椅子上有一句没一句地聊着；活儿忙了，老伴儿就静静地坐在椅子上看夏大爷打铁，直到夜幕降临。

> 夏依海正在给街坊邻居修理铁锅和水壶

22CM

收徒是一种奢望

夏大爷一天的工作，主要是从吃完中午饭开始的。吃完午饭，乘着酒兴，夏大爷把铁皮铺在铁皮屋外的工作台上，沉思片刻后，弯腰在铁皮上草草画了几笔，就开始“打铁”了。他先把一根长长的铁丝放在白铁皮边沿上，左手拿着钳子，把白铁皮的边沿卷起，右手抡起铁锤，敲打卷起的铁皮边沿，这样铁皮就把铁丝包裹起来。然后把铁皮慢慢卷起，用铁锤敲紧铁皮接缝处，一个铁桶的轮廓就基本成型了。

随后，夏大爷把做好的铁桶和先前做好的水壶挂在铁皮屋的屋檐下，微风吹过，铁桶、水壶碰到铁皮屋，叮当作响。夏大爷躺在躺椅上，闭上眼睛，似乎在欣赏交响曲。

正在这时，一阵嘈杂的声音响起。夏大爷睁开了眼睛。有街坊邻居正拿着铁锅敲打：“老夏，醒醒，补锅了！”

于是夏大爷缓缓从躺椅上起身，从抽屉内翻出铁锤、钳子、铁铲、锉子，把铁锅放在树桩上。先用铁铲铲去锅上的污垢，用铁锤把破损的锅底敲掉。用卷尺测量了锅底的直径之后，拿自制的圆规在白铁皮上画出一块，剪下来。用锉子把铁锅破损处锉出毛边，然后把剪下的白铁皮套在锅底上，用小铁锤在锅沿上密密敲打，白铁皮就和铁锅融为一体了。

“以前，这些简单的工作，都是交给徒弟们去做的，我只负责解决客人提出的‘疑难杂症’。这些年，因为塑料制品越来越多，定做白铁产品的人越来越少，愿意学打白铁的人也越来越少。我带的最后一个徒弟出师都已经是七八年前的事情了，从那以后就再也没有人来学打白铁了。以前，我一个星期要去采购一次白铁皮，有时还抢不到。现在生产厂家都送货上门了，送一次货我几个月都用不完。”夏大爷的

∧ 夏依海正在做铁桶

语气虽然和缓，却有无尽的忧伤。

10岁当学徒，18岁带徒弟，几十年来，夏大爷带的徒弟不下百人，人数最多时，两桌都坐不下。那时的徒弟拜师要交学费，但如今给学徒开工钱都无人问津。收徒对于夏大爷来说已经是一种奢望。

家里人都劝他回家享清福——做一个桶十几元，做一个壶也不过20元，即便加上补锅底、配钥匙，一个月收入也不过一千元，有必要这么辛苦吗？一向温和的夏大爷一听这话就大动肝火："有必要！如果想让我享福，那就让我打我的白铁皮。我不但现在要打，还要打到90岁，还要收徒弟，男女不限，老少皆可，我不能把一门手艺带进棺材！"

虽然知道塑料制品已成趋势，机械代替手工已成潮流，但夏大爷始终坚信白铁皮还有生命力。"你看，这一块小小的白铁皮，不仅可以造出传统的水壶，还能与时俱进，做空调通风管道，当油烟机外壳。谁说白铁皮落伍了？他们不知道咱白铁匠人的厉害罢了……"

不过，夏大爷并不是一个顽固不化的人，他一直在尝试着创新，试图让白铁皮重新博得大众的欢心。只是现在的年轻人，很多已不知道白铁皮为何物了。

< 给铁桶卷边，夏依海做起来很快

∨ 制作白铁皮器皿的工具

夏依海在修锅

^ 夏老爷子平时总是乐呵呵的，街坊邻居有事没事都喜欢到他的铺子里坐坐

老伴儿说，同一辈的白铁匠人去世，夏大爷虽然感叹却并不伤心，但听到亲手教出的那些徒弟纷纷跳槽时，夏大爷会捶胸顿足，平静下来后会边打铁边抹泪。

打白铁，即使在其最繁盛的时期，在普通人看来也只是一种卑微的工作。但对于夏大爷那一辈通过打白铁领略“造物”快乐的匠人来说，却无比神圣和崇高。如今，自己亲手教出的徒弟都离开了这一行，他也已经很多年都没有见到自己的同行了。

夏大爷说，他有时觉得自己就像动物世界里的最后一头白犀牛，这头白犀牛死了，这个物种就灭绝了。让这行当生存下去的方法，就是用自己的人生将白铁进行到底。夏大爷有个奢望——自己能打白铁打到100岁。

进击的铁皮匠

胡屹和他的酒壶

采访完夏大爷不久，就听到一个消息：夏大爷在自己的铁皮房里去世了，他最终没能实现打铁到期颐之年的梦想。我最终也没能找到夏大爷的徒弟们来继续了解这个行当，因为徒弟们已经离开这个行当十几年了。

两年后，我们听到一个消息，在浙江永康，有位名叫胡屹的85后小伙子，竟然靠打白铁打开了欧美市场。我们赶到永康才发现，不是白铁退出了江湖，而是换了一个玩法。

自古以来，浙江就有“永康工匠走四方，无康不成乡”之说。永康是全国有名的“五金之都”，无数永康工匠隐藏在不起眼的厂房中，生产各种五金制品。这些小厂房，可能寂寂无闻，而且绝大部分处在产业链最低端，但每个小厂房内生产的小玩意儿，都会供给全世界，胡屹家的酒壶厂也曾是这样。

以前，生产不锈钢酒壶，是没有技术含量的劳动密集型产业，原材料和人工占据了大部

分成本。胡屹在大学学的是“高精尖”的微电子技术，回到家乡做酒壶，不被任何人看好。但胡屹想用自己的所学，给整个不锈钢酒壶行业带来变化。胡屹的父亲是个工匠，心愿是做一辈子手艺人，而胡屹有实业情结，希望能用“中国制造”影响世界。

虽然人们不看好胡屹，父亲却对他抱有很大的期望，希望这位高才生能把家族的小作坊迅速变成现代化企业。胡屹明白，酒壶虽小，背后却有个庞大的产业链。想要实现变革，得先对整个产业有全方位了解。毕业后，他在生产一线待了整整一年。

工作第一年，胡屹泡得最多的地方就是冲模车间。不锈钢酒壶都是用不锈钢在机床上压出模型，然后焊接而成。车间几十台压模机同时开工，噪声高达上百分贝。虽然戴着耳塞，但每个工人都有耳背的职业病。胡屹也未能幸免。

刚下车间时，很多工人都在背地里说胡屹是“太子”，待不了三天就会“闪人”。但没想

胡屹的工厂里存有大量不锈钢原材料，都是用来制作酒壶的

到胡屹一待就是10年，如今已经成为工厂资格最老、技术最好的员工。

胡屹家的五金作坊，像永康绝大部分作坊一样，从硬件到软件都很“山寨”。胡屹接过父亲的班后，做的第一件事情就是拿出几乎全部的家当，引入全套进口激光焊接仪，让工厂实现自动化。虽然投入巨大，但生产工艺有了质的飞跃。

父子齐上阵奋斗10年，慢慢让家里的酒壶厂年产值超过了千万元。父亲已经很满足，但胡屹的梦想却很大，他想做全球最大的酒壶生产商。家里生产的酒壶，绝大部分都是给欧美厂家贴牌，因而只能赚取微薄的利润。一个酒壶，在欧洲市场上能卖到几十欧元，但自己只能赚一元人民币。

在补齐酒壶的生产工艺短板后，胡屹投入大量精力到造型设计上，努力提高酒壶的附加值。他不想一直给他人做嫁衣，想设计属于自己的款式，把自己的家族作坊打造成现代化的百年企业。

想要在酒壶这个细分而传统的市场玩出新花样，把产品做得时尚，是件很困难的事情。因为在永康这个“五线城市”，工厂很难招到年轻人，再加上胡屹对新进员工有硬性要求：无论学历多高，都必须下车间待满半年。酒壶生产车间恶劣的环境，让很多“怀才”的年轻人望而却步。

胡屹一直希望自己的酒壶厂能变得更加时尚、现代而且有格调，更懂消费者，做出更好

胡屹的酒壶在欧美市场上非常受欢迎

Merry

的酒壶。但工厂员工绝大多数是中年妇女，企业文化与他预想的相去甚远。胡屹做酒壶10年，对整个行业做了小小的改变，但自己却被行业改变得更多："你看我，刚刚30岁，看起来却像大叔。"

虽然胡屹一直对国内市场抱有极大的热情，不断地尝试，用各种造型来"挑逗"国内酒友们的兴致：军号、"保时捷"车、相机、京剧脸谱、微信表情……所有能想得到的设计，他都尝试过，可国内的不锈钢酒壶文化却始终没能形成。不锈钢酒壶也一直是"墙内开花墙外香"。譬如他们针对世界杯开发了一套足球酒壶，立马变成行销全球的爆款。很多欧美球友聚在一起看球时，会端出一套足球酒壶开怀畅饮。甚至有的球迷不喝酒，也会买来摆在家中做摆设。

如今，家里的酒壶出口生意做得风生水起，每年生产的各种型号的不锈钢酒壶，全部出口到欧美。做制造业不赚钱，每生产一只酒壶只能赚一元，但经过10年，铁匠胡屹愣是把濒临破产的家族小厂变成了年产不锈钢酒壶300万只，产量占全世界十分之一的世界前三强酒壶厂。

"刚毕业时，我以为生产不锈钢酒壶是'小儿科'，认认真真做了10年，才发现小小的酒壶，也有大大的世界。"胡屹说，他有个梦想：有一天，他的"中国制造"的酒壶能成为世界第一，并且能出口转内销。他希望今后几年，自己的作品，有十分之一能卖给国内的"酒友"。

打铁，看似简单。要做好，得放眼全球，更要有做工匠的心性。

< 胡屹开发的表情包系列酒壶

∨ 胡屹在工厂里检查半成品酒壶

在食品保鲜技术不发达的年代，
锡器以其优良的密封性能，成为盛放食物的重要器皿。
锡器“盛水水清甜，盛酒酒香醇，
储茶味不变，插花花长久”的特性，
自然逃不过“工匠之乡”永康人的火眼金睛。
不知从何时开始，永康人生活中，
锡器已经成为必不可少的用具，
永康工匠中，
也以锡器艺人最为普遍。
如今，各式塑料制品已经占据了人们的生活。
但永康手艺人还得生存下去，
于是各式各样的锡器工艺品便成为永康锡匠们的新目标。
永康工匠一直以来都服务于生活，
也跟随生活而与时俱进。
成为富翁，对手艺人来说只是小概率事件。
如何靠手艺获得体面的生活，
才是最普遍的问题。

永康工匠走四方，无康不成乡

带我们寻找永康锡匠章荣富的，是一位当地的年轻人。他指着永康大街上的大小宾馆说：“如果你前几天来，宾馆都没的住。因为前几天这里举办五金博览会，整个永康的宾馆都爆满！”

这时我才反应过来，我要了解的锡器，也属于五金的范畴，于是便问道：“永康那些老锡匠的锡器，应该卖得很好吧？”年轻人摇了摇头：“五金博览会是面向全球的，他们做的那些老古董，永康人都不用了，哪拿得出手？现在永康的五金，锡器几乎可以忽略不计。”

我们来到永康锡匠曾经聚集的芝英镇，眼前却不是工匠之乡应有的模样。印象中，锡匠

∨ 章荣富每天过得很简单，打锡基本就是他生活的全部

村应该泛着金属光泽，锤击之声不绝于耳。但这村子里，贴着瓷砖的四层小楼反射着刺眼的阳光，四处静悄悄。

我们进入一条小巷，两边的风景在视觉上很不统一——一边是贴瓷砖的四层楼房，一边是低矮的红砖平房。巷子深处呈现出很浓的工匠气息，巷子两边摆着几盆花，路中间躺着一条狗，空中飘荡着“叮当叮当”的锤击声。

我循着锤击声向前，发现小路左侧有一扇半开的门，门前坐着一位大叔，围着围裙，怀里抱着一只锡壶。他左手拿着壶，右手拿着砂纸，当左手的壶“遇见”右手的砂纸，锡器就绽放出金属的光泽。

看到有客人来访，大叔停下手上的活儿，往屋内吆喝了一声，锤击声戛然而止，一位围着围裙的大爷走了出来。大叔名叫章荣富，今年 58 岁，是这家锡器作坊的主人，打锡已经 46 年；大爷今年 70 多岁，是章荣富的师傅，打锡已经 60 年。

章荣富既不是工艺美术师，也不是锡器非物质文化遗产项目传承人。曾经有很长一段时间，因为永康锡器行业不景气，他不再做锡匠，而是变成买卖锡原料的锡商。但最难能可贵的是，在做锡商实现财务自由后，他又重新拿起锤子，成了一个“两耳不闻窗外事”的锡匠。

> 在锡器上雕刻花纹

章荣富把我们带到作坊的会客室。会客室似乎很少有人来，只有一张大桌子和两把脏椅子，桌上摆满了章荣富打的锡器。章荣富用围裙擦了擦椅子，让我们两人坐下，开始讲自己的故事。

章荣富说，芝英田地少，无法靠种田为生，因而自古以来，芝英人都练就了一身靠手艺闯荡江湖的本领，村里“家家能敲铜，户户能打锡”。男孩通常十三四岁就开始跟着家人挑着货担外出谋生。12 岁那年，章荣富刚读完小学就跟着父亲挑着货担外出打锡。学艺 3 年，15 岁那年，章荣富在外开了自己的锡匠铺，为顾

∧ 锡烛台原本是当地姑娘出嫁时必备的嫁妆，如今用的人已经越来越少

> 打锡的工具

客打制各种锡器。整个金华地区，都有用锡器做嫁妆的传统。从 15 岁自立门户开始，小锡匠章荣富就独自在外靠打锡制嫁妆养活自己，这一漂就是 8 年，直到 23 岁婚期将近。

按永康风俗，结婚时女方要出锡罐、烛台、酒壶各一对，作为嫁妆和婚姻的见证。但女方家贫，拿不出来。章荣富就带着徒弟，起早贪黑地敲了一个多星期，又请来雕花的先生刻字雕花。锡器完工，字刻好，婚期也到了。章荣富在大婚前夜，头顶月光，给新娘送去了嫁妆。

30 多年过去了，芝英从家家户户打铜敲锡的工匠村，变成洋楼遍地却大多空置的“空巢村”。章荣富也从游走四方的小锡匠，变成工匠村最后的老锡匠。唯有当年见证婚礼的锡器上的字还完好如初——园林到日酒初熟，庭户开时月正圆。

从结婚嫁妆到定制礼品

如今，芝英的锡器家族作坊绝大多数已被现代化工厂替代，大部分锡匠都改行了，只剩下一些无法上流水线的老匠人，还留在家里做一些手艺活儿。曾经有十来年时间，章荣富也转行做了锡原料生意。章荣富 12 岁学打锡，15 岁开锡铺，打锡几十年，在锡上赚的第一桶金，却不是靠打锡手艺，而是靠买卖锡原料。

章荣富说，村里的“首富”原来也是位老锡匠，改行做锡原料生意后，短短十几年，资产就已过亿。而章荣富重新做回老本行，是因为小儿子章吉。

章吉大学毕业后，决定回到永康创业。永康是“五金之都”，如何在众多现代化五金企业中脱颖而出呢？章吉想到了父亲的老手艺。正好此时章荣富也有捡起老手艺的意向。父与子在打锡这件事情上，一个看到“利”，一个看到“艺”，两代人因为锡器而变得空前默契。

锡器在永康人的生活中，原本只是放食物的器皿，是个小众得不能再小众的行业。现在，永康人都不用锡器了，要想在这个细分领域创业成功，就必须不断拓展锡器的边界。章吉认为，锡器用来做嫁妆的时代已经过去了。因为锡器最大的特点是有极强的密封性，且属于贵金属，于是章吉决定把锡器变成“定制化”纯手工的茶器和酒器。

∧ 章荣富的儿子章吉负责锡器的设计

∨ 章荣富打制的茶叶罐

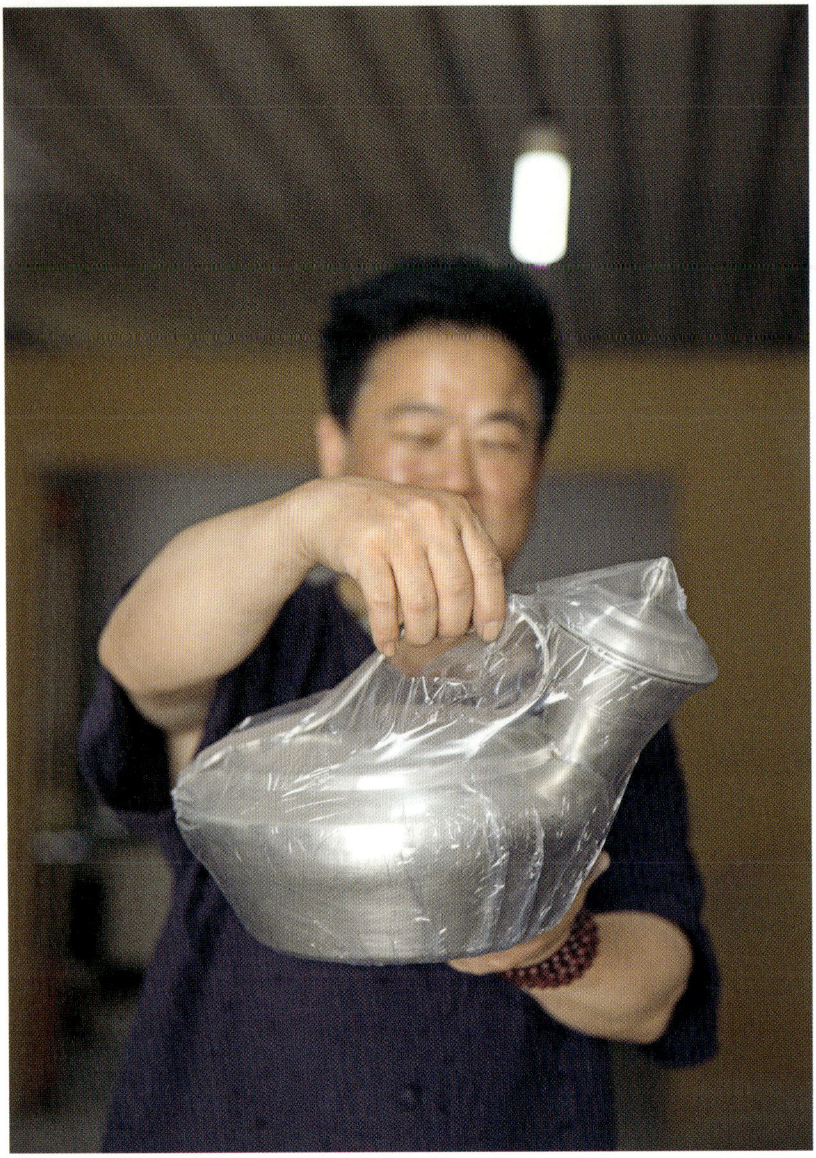

< 章荣富拿出原先当地人家用的夜壶，这也曾是锡器的用途之一

> 锡器的切割

令章吉颇感意外的是，父亲章荣富一开始拒绝制作锡茶具。因为在章荣富看来，锡器不仅仅是一种容器这么简单，传统锡器更多地蕴含着一种嫁妆意义。对锡制嫁妆的看重，代表着一种婚姻家庭观。就好比嫁妆中的锡夜壶：如今，虽然极少有人会真正用到锡夜壶，但做嫁妆时，永康人还是习惯打一只。老一辈锡匠都认为打锡夜壶比打锡茶具体面。很多老人强调，房子、车子、票子都可以不要，但锡夜壶必须带着走。

章荣富原本对章吉那一套不感兴趣，没想到章吉设计了一套锡器

∨ 章荣富对自己的打锡手艺一直很满意

具，只把设计图放到网上就收到了几十个订单，比自己以前挑着货担走村串巷一年卖的锡器都多。章吉经常会设计出一些稀奇古怪的锡器让父亲制作，希望能让他的审美跟上时代，和国际接轨。但章荣富总觉得这些不合自己的胃口，除了学书法，其他的一概拒绝。

“我就是个锡匠，你让我会审美，又让我会设计，到头来我反而不会打锡了。”章荣富还是希望做个传统的锡匠。但传统的锡匠，每天都感受到现代的儿子带来的压力。“好好的锡器，光滑亮泽不是很好看嘛！搞不懂现在的人什么审美，硬要把好好的锡器，用锤子敲得千疮百孔。做的人费劲，买的人费钱！”章荣富拿出 70 多岁的老师傅刚敲好的锡器“控诉”儿子。

在他们那个年代，锡器是以光洁为美的，最多请个师傅在上面刻几行字或者敲几幅图案。以前，章荣富打的锡器是一种实用器具，主要在金华市内流行。但他重做锡器一两年后，手工突然变成了时尚。现在他打的锡器，被小儿子通过网络销售到全国，甚至是世界各地。其他地方的人可不是用锡器来做嫁妆见证爱情的，绝大部分锡器都成为摆件。因而，如今章荣富打出来的锡器要符合大众的审美。章荣富意识到，打锡这个行当，“玩法”已经变了。

大儿子章成老实稳重，章荣富觉得他像自己，是个本分的手艺人，就把他留在身边，传授自己的打锡手艺。但是看着一直闭门在家打锡的大儿子，章荣富又总觉得他老待在自己身边，永远没办法成长。世界已经变了，以前锡匠要挑着货担上门给别人打锡。现在只需要给锡器拍几张照片放到网上，自然有人找上门来。

章荣富打造的锡器：茶叶罐

> 锡酒壶和锡酒杯

锡匠还是锡商，向左还是向右

章荣富对两个儿子有明确的分工：小儿子章吉做锡商，在永康市中心居住；大儿子章成做锡匠，和自己一起守着家族作坊。

小儿子章吉还负责锡器的器型和纹样设计，每次都会拿出一些稀奇古怪的器型和图案让章荣富对照着制作，很多造型都是章荣富闻所未闻的。传统的永康锡匠一辈子只会敲几种器型和几款纹样。这样的形制，要么是身边有这样的模型，要么是以前师傅教的。绝大部分工匠只是在原有器型的基础上微调，基本上不会做大的改动。但传到小儿子章吉这一代，看一部电影、参观一次博物馆，就会设计出天马行空的器型。

章荣富内心很矛盾：一方面，他觉得既然是打锡，就应该有锡器传统的技法和形制；另一方面，他又觉得传统的锡器已无人问津，再按传统的路数打下去，这行当迟早会被淘汰。

章荣富说他现在的做法有点儿中庸。他努力把自己会的所有技法和图案都教给大儿子章成。等章成出师后，可以和弟弟对接，打新式的锡器。自己还是按老方法打自己的锡器：“管他有没有人要！”

为了教章成打几款传统永康锡器造型，章荣富把自己当年给妻子打的嫁妆搬到了作坊。虽然已经被小儿子市场化的思维“洗脑”过很多次，但章荣富始终觉得传统的图案耐看。

给儿子讲解完之后，父子俩小心翼翼地把嫁妆拎回家。他们拎着老锡器在村庄小巷穿行。经过邻居家的墙壁时，看到墙壁上画的那幅名为《插秧》的宣传画，章荣富有点儿感伤：这里原本是农村，但早就不种田了，如今孩子们只能通过这些壁画了解插秧的情形。

打锡是一项辛苦的工作，每天与噪声、粉尘、火焰相伴。这样的生活章荣富已经过了40

∧ 和章荣富一起打锡器的基本都是老人

> 章荣富和儿子拎着锡酒壶走在村里

多年。但现在村里已经找不到几个愿意接这个班的年轻人。年轻人耐不着性子，还嫌脏，章荣富只能请来几个老师傅支撑锡器作坊的运转。老师傅们出活儿少而慢，再加上只会敲“不合时宜”的传统器型和纹样，分到的活儿就少，因而只能当临时工，平时在家带孙子。章荣富接到订单后，招呼一声，这些老工匠就拎着工具“拍马驰援”。老工匠们穿着围裙，抱着锡壶细细打磨，就像老太太在纳鞋底，往往一坐就是一整天。

以前，锡器是永康人的生活必需品。现在，绝大部分锡器退出了历史舞台。不过，章家还保持着传统，家里摆着祖宗牌位，供奉着财神爷。每天，章荣富都要为财神爷换一对红蜡烛，上一炷香。章荣富觉得，只要供奉祖宗和财神爷的传统还在，他就能靠打锡的手艺吃饭：“点蜡烛时，总不能不用锡烛台吧！”

章荣富凭借打锡轻松年入百万，他毫不掩

< 锡壶曾经是当地人家的常用器皿，如今已很少见到

> 章荣富家还在使用老锡壶盛酒

盖自己的富裕，脖子上戴着玉石项链，手上绕着红木手串。他有个习惯，就是每天都回家吃饭，然后和邻居们喝点儿小酒。酒壶还是自己结婚时打的锡壶，但酒杯早已变成了新式的锡杯。

邻居看到我们后，拿起老锡壶准备给我们倒酒。章荣富见状连忙阻止："这是老锡壶温的酒，大家都说老锡壶含铅，你敢倒，他们还不敢尝呢！咱们自己尝尝就行了，反正也是一把老骨头了，喝了这么多年都没中毒！"

说完，章荣富拿出酒瓶，往新锡杯中给我们倒酒，边倒边说："以前，锡的炼制工艺不过关，所以老锡器或多或少都含铅。现在工艺先进了，锡器中已经完全没有铅残留了，你们可以放心大胆用！不过，用老锡壶温酒才够地道，可惜现在的年轻人都没这个勇气，也没这个机会尝了！现在，会打这种老锡壶的锡匠，恐怕也没有几个喽！"

章荣富年轻时，挑着货担走南闯北，最大的愿望就是能回家盖栋平房，开个打锡作坊，和全村的锡匠拼手艺。如今他只花了三年时间就盖起了四层楼房，还专门买了块地皮建起打锡作坊。但这却成为锡匠村最后的打锡作坊，他再也找不到能和他拼手艺的锡匠。靠打锡盖起的四层楼房，除了大儿子偶尔来住一住，其他时间只能见到章荣富和老伴儿两个人寂寞的身影。

章荣富所在的村庄还保留有完好的祠堂

章氏宗
昭假烈祖
継序不忘振百世
永康市军民共建单位
中共永康县委诞生地
纪念馆

提到苗族，很多人眼前立马会浮现出这样一幅景象：
美丽的苗族姑娘着盛装款款走来，
五彩苗服上的华贵银饰叮当作响，
反射着太阳的光亮，
让光彩夺目的苗女宛如鲜花盛放。
在众人眼中，苗族是个美丽而神秘的民族，
很多人对于苗族的第一印象，
源于佩戴在苗女身上的银饰。
以往，在苗人的生活中，
苗族银饰集巫术的神秘和货币的实用为一体。
如今，苗族银饰已经变成苗族最重要的文化载体，
变成穿戴在身上的文化符号。
苗族银饰已经自我调整，找到了新的定位。
而那些曾经是苗寨标配的银匠，
在机械化和城镇化的双重“围剿”下，该何去何从？

消失的苗寨和隐身的银匠

行走在凤凰古城街头，看着那些顶着苗族银饰扮苗女的姑娘，同行的摄影师虽然明知道沱江边出租的苗服和苗族银饰风格属于贵州苗族，但是依然租来扮苗女。

“为什么凤凰本地的苗服和苗族银饰都是现成的，凤凰人却舍近求远用贵州苗族银饰来充数？”带着这个问题，我们坐上了乡村巴士，前往凤凰县城 19 千米外的山江镇寻找答案。山江镇是凤凰最大的两处苗族聚居地之一（另一处为腊尔山镇），有集苗族民居精华于一身的苗王府。更重要的是，这里藏着湘西苗族银饰锻制世家麻氏家族的最后传人——国家非物质文化遗产代表性项目苗族银饰锻制技艺代表性传承人麻茂庭。

车出凤凰县城后一直在山路上盘旋，路两旁的“苗味”渐浓：村寨渐渐出现了青砖灰瓦的老屋，坐在屋门口晒太阳的老妇着苗衣的比例也越来越高……

没想到距离商业气息十足的凤凰县城如此之近，这些苗家村寨还能淡定地保持苗家风范，这让我对山江镇充满了遐想。

车辆在一个小镇的岔路口停下，车上的人全部下了车，我却不肯走，直到司机提醒山江镇到了，我才不情愿地收拾行李下车。因为眼前的景象与我心中想象的“凤凰最后的苗寨”相去甚远——钢筋混凝土堆砌起的楼房沿山而建，两条狭窄的街道如蛇一般在水泥森林中游走。我站在这两条路交会的丁字路口，眼前的景象与汉地的小镇没有任何区别。我不甘心，仍心存幻想：这儿只是山江镇的新城区，山江镇肯定还有老城在前方等着我。我沿着路走出了山江镇，希望再一次破灭，因为路两边的景象依然和之前的一样——虽然这里是湘西最大的苗族聚居地，99% 以上的居民都是苗族，但是苗寨消失了。唯一让我感觉有一丝“苗味”的，是一家苗族银饰店——麻茂庭苗银铺。但是铺

∧ 麻茂庭打制的苗族盛装云肩

< 湘西苗族盛装

子似乎已经没落，从里面的陈设来看，它已经很久没有开张。

看到关门已久的麻氏银铺，我的心悬了起来：“这打银饰的银匠不会已经不干了吧？”直到拨通了麻茂庭的电话，听到另一头的回答，我悬着的心才落了地：“我正在打银，没空去接你，你自己过来吧。下车后看到旁边有个小巷，穿过小巷，隔着稻田，山坡上的苗家就是我家了！”

我们在麻茂庭电话的指引下穿过狭窄的小巷。小巷并不长，也就十几米。小巷的尽头是

一片新月形的稻田。深秋，水稻早已收割完，不知是谁在稻田的一角放了一堆水泥砖。稻田的尽头是一座矮山，有几栋青砖灰瓦的房屋隐藏在稀稀拉拉的树丛中——那里便是银匠麻茂庭的藏身之地了。

∧ 麻茂庭精心打制的苗族银头饰

苗家村寨的手艺家族

我们从田边的水泥路绕到矮山边。矮山上的民居倒还有几分苗寨气息：沿着山脚有用石块砌起的高墙，几户民居就立在高墙之上，只留有一条石阶上山，石阶旁边有一棵枝叶繁茂的古树，下面坐着一位身着苗服的驼背老人。见到陌生人走近，一条黄狗从石墙上探出头对着我们狂吠，吠过之后还觉得不过瘾，又站在石阶上和我们对峙，颇有“一狗当关，万夫莫开”的气势。我们向老人打听麻茂庭家在哪儿，老人听不懂普通话，于是我指了指老人手上的银手镯，做了个抡锤打银的动作。这时老人才回过神来，指了指山寨最靠边的那一栋民宅。

我们踏上三级石阶，推开了麻茂庭家院子虚掩的门。别致的小院地上铺满了枯叶，有两个小孩在嬉戏，捡起落叶往彼此头上堆。院子里回荡着持续而有节奏的“叮叮”声，想必那就是麻银匠在打银了。

我们踩着落叶，绕过小孩，跨过高高的门槛，终于进了银匠家。这是一栋外面用砖头砌，里边用木头衬的传统苗族民居，和徽州古宅有几分相似。打银声从房子的一个角落传出——在楼梯拐角处，一位清瘦的老人正一手拿着火钳，一手抡着铁锤在作业。不远处，一只猫正一动不动地卧在楼梯上看着老人，似乎老人正在打制的银器是送给它的礼物。

眼前的老人便是麻茂庭。他看到我们，示意我们坐下。把手上的银器打完后，他洗了洗手，径直上楼拎了一个红布包下来。他把红布包往八仙桌上摊开，整个屋子立马“蓬荜生辉”了：各式各样的银戒指、手镯、头饰一下子让这偏远苗居变成了藏宝洞。

∧ 麻茂庭家的院子

麻茂庭说，自己只是个打银匠，并没什么故事可讲，这个村庄和

麻茂庭打制的银饰

这些老银饰的历史倒是值得一讲。

麻茂庭家是湘西有名的苗族银饰锻制世家，传到他这一代，已经是第六代了。麻家打银的历史，应该从麻茂庭爷爷的曾祖父说起。“那应该是清朝中期的事情了！”

那一年，凤凰县山江镇来了一位挑着货担的游方银匠。那时，正好麻家要为即将出嫁的女儿准备嫁妆，就让游方银匠在家中住下了。没想到银匠技艺精湛，为麻家打出的银饰不仅让麻家人眼前一亮，更让整个山江镇的苗民垂涎。苗民纷纷前往麻家让银匠为即将出阁的女儿打银嫁妆。于是，原本只准备在麻家住三个月的银匠竟然住了整整三年。因为麻家人对他非常照顾，作为回报，银匠就收了麻家的儿子为徒。

在为全山江镇的苗民打造了银器后，银匠继续挑着货担游方去了，而麻家人却在山江镇坚守下来，农忙时封炉，农闲时操锤。一开始，麻家只为山江镇的苗民打制嫁妆，慢慢地，因为麻家人打制的银器精美绝伦，“麻银匠”的名气越来越大，周边苗寨的人也慕名而来。有的人甚至以定制银器之名来偷艺。不过，麻家人并不保守，有人来学习打银，麻氏就欣然授艺，久而久之，山江镇便成了湘西的“银器之乡”。

麻家从事银饰制作的人多了，山江镇的市场容量不够大，有的族人就迁往附近的州县。山江镇麻氏银匠的名号开始在周边的泸溪、古丈、吉首、花垣、辰溪等州县流传，麻家成为湘西地区最大的银匠家族之一。

∨ 化料

物质故乡和精神家园

“这就是银匠的现在了，全镇人都住上了新楼房，但我的房子还是结婚时建的木头房！”麻茂庭指了指自家的老木屋，又指了指镇上那些新盖的楼房，自嘲道。以前银匠是苗寨最受人尊敬的职业，但如今，苗族银饰艺人已经跟不上苗寨发展的节拍了。

以前，银饰是苗族人结婚时的必需品。苗族人定亲，必送头饰、披肩。如果经济拮据，也可以先送半套，另半套过门时再送。但从20世纪90年代开始，山江镇的苗族人开始拒绝用银饰做彩礼：戴银不时兴了，直接送钱就好了。大批银匠失业。麻茂庭5兄弟中，有4个改行了；15个徒弟中，14个不再碰银。还好，麻茂庭的手艺闻名乡里，虽说现代化的势头凶猛，但山沟里苗风稍存，一年还能接几单生意。就在麻茂庭也扛不住准备放弃传承了300年的祖传手艺时，当地的旅游业兴起了，非物质文化遗产的评选也来“锦上添花”，让他的银匠生涯柳暗花明。麻茂庭成为第一批国家级非物质文化遗产代表性项目苗族银饰锻制技术代表性传承人。升级为国家级“非遗”传承人，名气大了，订单多了，受到的限制却也大了——别家可以用白铜做银饰，麻家用的只能是纯银。

麻茂庭带我们来到矮山上的苗寨，说只有看懂了这个“苗风遗存”的村庄才能更好地理

解苗族银饰。

他抚摸着村庄那青石垒砌的石墙说，湘西旧时多土匪，因而传统的苗寨大多依山而建，都有自己的防御工程，而这石墙便是村子的“城墙”。他又指着石墙上那唯一的台阶说，这便是村寨的寨门。而寨门前那棵已空心的老树，则是土匪“火攻”村寨时的“杰作”。

麻茂庭在寨子的最高处停下。这里有两处建筑，一处是一间已经坍塌的老屋，另一处是

∧ 麻茂庭打造的盛装头饰

类似烽火台的石头房。这石头房是苗寨的堡垒，而这老屋，则是麻氏银匠的祖宅。

以前，当土匪来了，村民们会把村里的贵重物品放在这堡垒中，直至救兵到来。银匠作为寨子里拥有贵重物品最多、威望最高的家族，理所当然选择了堡垒边这个全村最安全的地方居住。

“安全”一直是苗族人的追求。苗族人之所以有如此重的银饰情结，也正是因为他们一直以来都缺乏安全感。苗族人主要居住在湘西、贵州、广西、云南等多山之地。这些地方毒虫多、瘴气多发，苗族人很自然地对有鉴毒功能的银器情有独钟。再加上旧时苗地多战乱，避难时只能随身携带值钱的细软，既能当饰品又能做传家宝的银器就成了最好的选择。

苗族银匠分为游方银匠和定点银匠两种。教麻家打银的银匠属于前者，麻茂庭属于后者。对于麻茂庭来说，山江镇既是他这个苗族人的物质故乡，也是他这个手艺人的精神家园，他是无论如何也不会离开的。

< 本书摄影师身着麻茂庭打造的苗族盛装

打银的艺人和看表演的猫

上午 10 点，麻茂庭开始为我们演示打银，那也是他每天开始工作的时间。

他首先在熔炉中生起木炭，随着“呼呼”的拉风箱声响起，熔炉中很快就燃起青色的火焰。麻茂庭从炉子上拿起一个酒盅大小的铁杯，往铁杯中倒入些许平时做银饰的边角料，然后把铁杯放进木炭中。这一步叫熔银，任何一种精美的银器，都是将银在烈火中熔化后锻造而成的。

熔银是个漫长的过程。麻茂庭先用火钳夹了块木炭，然后缓缓地拉着风箱。看到熔炉中的木炭燃起，一只猫倏地跳到炉台上，静静地注视着麻茂庭。

当铁杯中的碎银慢慢化成了银浆，麻茂庭从炉边的窗台上拿起一根空心的铁棍，将一头含进嘴中，一头插入银浆。看到这情景，趴在

炉台上的猫立马从炉台上纵身一跃，跳到了熔炉边的木楼梯上。与此同时，麻茂庭憋足气，对着铁棍猛地一吹。瞬间，一串串火星从熔炉中冒出，在空中四散飞舞，宛如银浆中藏着的金鱼一口气吐出了无数气泡。其实，每一个飞舞的火星都是碎银中隐藏的杂质——这个过程叫去杂，目的是把银浆中的杂质吹走。

在连续吹了三四口气后，银浆中的杂质就被去得差不多了。这时，麻茂庭取来一个铸铁凹槽放在熔炉边，往凹槽中倒入些许煤油，用火钳夹起炉中的铁杯，把滚烫的银浆倒入凹槽中，银浆和槽中的煤油接触后，立马燃起熊熊的火焰。此时，猫正站在熔炉边的楼梯上，目光炯炯地看着麻茂庭，想必这猫正在做着白日梦，仿佛眼前的银匠是厨师，正端着锅烹调味美的鱼吧。

△ 农闲时节，每天只有这只猫陪伴麻茂庭打银

火灭后，银匠用火钳把凹槽反扣在炉台上。掀开凹槽，一根细长

> 一根银条要经过千锤百炼才能成为银饰品

的银条就出现在眼前了。银匠用火钳把凹槽放在地上，马上换左手夹住银条，把它转移到炉子边的木桩上，右手抡起一把铁锤开始敲打。每敲打一下就把银条翻个面。不知敲过多少锤、翻过多少面，最终一尺（1/3 米）来长的银条硬是被敲成了一根一米多长的银线，锻银工序就完成了。

麻茂庭把火钳一丢，铁锤一放，爬上一米来高的马凳。马凳上有一排大小不一的圆孔。他先是把银线穿进最大的圆孔中，用铁钳紧紧夹住银线的一头使劲往上拉。银线从圆孔穿出后，就从不规则的扁线变成了规则的圆线——这个过程叫拉丝，目的是把扁的银线拉成易于加工的圆线。拉丝是分阶段进行的：先把扁线拉成圆线，再通过不同直径的孔，拉成粗细不一的丝。那天银匠做的是银丝戒指，要用很细的银丝。因而麻茂庭拉完大孔后换中孔，拉完中孔后换小孔，再换细孔……拉丝是个辛苦活儿，麻茂庭居然在大冬天里累得满头大汗。

一套苗族盛装银饰需要大半年时间才能打造出来

拉完丝就进入苗族银饰制作最重要的工序——吹烧。麻茂庭先剪取一小段银丝，用钳子把银丝卷成戒指。然后点燃一盏油灯，拿出一根细小的铁管，一头衔在嘴里，另一头放入油灯火焰中。与此同时，用钳子夹住戒指放在油灯火焰前方，用力呼了一口气，让气流从细铁管中喷出。喷出的气流把豆大的火焰吹成一条火舌，覆盖住了整个戒指。麻茂庭就这样口衔铁管，用呼气产生的火舌炙烤着银戒，持续了四五分钟，吹烧了上百下，戒指终于变成红色。看到戒指变红，他赶紧停止吹烧。顾不得戒指滚烫，拿起镊子，夹起桌面上一朵朵细小的银花往戒指上粘。待戒指上熔化的银浆粘住九朵银花，麻茂庭又用火钳夹起带银花的戒指，放在油灯前开始了新一轮的吹烧。又经过上百次吹烧，银花和戒指一同变得通红，银浆把它们牢牢地焊接在一起。

经过擦洗和抛光等环节后，一枚小小的银戒才成型。这时麻茂庭点了一根烟，把银戒放在手中仔细端详。确认银戒没有瑕疵了，麻茂庭才缓缓走到八仙桌前，把新出炉的戒指往那银器堆里一放，那银戒就如一朵浪花没入海洋之中。

∧ 苗族银饰制作的吹烧工艺

是银匠 也是工头

正在这时，麻茂庭的妻子从外面回来了，麻茂庭立即又从八仙桌上的银器堆里拿出刚打好的银戒递到妻子手上："刚打好的戒指，你看合不合适！"妻子把戒指戴在手上，左瞧右看，用我们听不懂的方言和丈夫交流了很久，听口气像是批评中夹着表扬。麻茂庭听后若有所思，拿着银戒指返回工作台开始进行回炉再造——不仅仅是这枚戒指，这八仙桌上所有的银器，要想"出厂"，都得经过妻子这位最严格的"质检员"这一关。

在没见到麻茂庭的妻子之前，我认为最美的苗族银饰是由匠人的烈火与锤打催生。这时我才明白，妻子的火眼金睛才是美丽的银饰诞生最不可或缺的元素。

麻茂庭在检查银戒指是否有瑕疵

∧ 妻子身上的这套苗族盛装，是麻茂庭特地为她打造的

> 打制银饰的工具

麻茂庭的妻子在山江镇中学食堂上班，中午她在学校做完午饭会抽空回来一趟。我开始以为她是回来给麻茂庭做午饭的，后来才知道，麻家 300 年来就没有吃午饭的传统——打银有很强的连续性，为了不耽误工作，麻家把午饭都给省了。

妻子回家的目的是告诉麻茂庭，有人要盖新房，需要水泥砖。她让麻茂庭把手上的银器活儿停一下，去生产水泥砖。如今银器生意不好做，麻茂庭不得不另谋出路，在自家门口开了个建材厂——原来，进小巷尽头那块新月形稻田里的水泥砖也是他家的。现在该如何给眼前的这位老人定位呢？是银匠还是工头？

其实，麻茂庭的做法并不出格，他遵循了从古以来苗族银匠的传统——历史上从来就没有职业的苗族银匠。与古时银匠因农忙封炉不同，麻茂庭封炉，只因作为一种文化符号的苗族银饰消失得太快，他的角色一时半会儿转变不过来。

夏日的北京，天气格外闷热，
然而位于北京东郊的朝阳农场内，
荷花亭亭玉立，蝉鸣绕耳，宛若世外桃源。
我走进位于二楼宽敞明亮的生产车间，
10 多位工人正分别在花丝和錾刻车间紧张、忙碌地工作着。
我们来这里，
是为了寻访“燕京八绝”之一的花丝镶嵌，及其传承人，
有“程观音”之称的程淑美。

静坐求艺，一梦50年

1967年，中国大地上，一些正常的社会秩序被打破，许多应届毕业生分配无果。一个阴郁的上午，北京工艺美术学校的一些应届毕业生到北京市第二轻工业局（该校的上级单位）门前静坐，等待分配工作。其中有一个文静秀丽却异常倔强的姑娘始终走在队伍的最前面，她就是后来"程氏花丝"的创始人程淑美。

三天后终于有了结果："局里给我们每人发了一张表，让我们愿意去哪儿就填哪儿。"于是年轻的程淑美如愿以偿到了北京工艺美术品厂。自此，她始终把决定自己命运的红丝线牢牢地攥在手中，从未松开过。

花丝镶嵌与景泰蓝、玉雕、牙雕、雕漆、金漆镶嵌、宫毯、京绣等七大艺术门类并称为"燕京八绝"。自1153年金中都建立，金银工艺开始在北京地区兴盛起来。元大都建立后设置有各种管理手工业作坊的机构，其中就有银局。明清两朝是北京花丝镶嵌的兴盛时期，宫廷设有造办处，集中了全国的能工巧匠，南北方花丝镶嵌制作技艺得以交流，并融合其他民族工艺美术之长，形成了北京花丝镶嵌的独特技艺。北京十三陵定陵出土的万历皇帝的翼善冠，堪称这一技艺的杰作。

花丝镶嵌是用金丝、银丝、铜丝堆垒编织成各种造型，再嵌上宝石、珍珠等。这门技艺在战国时便已出现，汉代称为"焊缀金珠"，唐朝称为"细金"，是中国宫廷艺术的代表作。花丝镶嵌最早用来制作首饰和各种日用品，如手镜、烟盒、粉盒、糖盒、酒具、花插、熏炉等。

花丝镶嵌专业毕业的程淑美进厂后却主动要求去玉雕车间工作，她想通过玉雕增强自己的造型能力——她有一个从未为外人所知的美丽梦想，就是让中国传统的花丝镶嵌"亮立"起来。

程淑美上学时就对花丝镶嵌技艺有着比较独到的认识，她认为花丝镶嵌工艺使用的原材

料主要是黄金和白银，其颜色和质地较为单一。鉴于此，花丝镶嵌的设计创作应该在“亮”和“立”上有所创新。

“亮”就是为避免流俗，要丰富花丝镶嵌的材料构成，提高作品层次感。例如将传统的花丝镶嵌与玉、象牙等材料结合起来，做成立体的、具有人文情结的作品。内涵和外延得到放大，花丝镶嵌艺术就可以跳出装饰品的窠臼，从而具有更大的艺术发展空间。

“立”就是立体化、雕塑化。传统的花丝镶嵌制品以首饰、器皿为主，而人物造型可以大大丰富花丝镶嵌的艺术表现力，同时也可以弥补金银质地、颜色单一的不足。

当然，这只是程淑美花丝“亮立”梦想的一个雏形，它在以后漫长的花丝镶嵌生涯中逐步变得清晰和完善。其间，著名老艺人翟德寿等给了她很大的鼓励和启发。

∧ 花丝镶嵌师傅正在制作花丝镶嵌物件

> 在制作花丝镶嵌制品时需要匠人有极大的耐心，精工细雕

磨玉13年，『下坨』如有神

机会永远属于有准备的人，但这种“准备”却充满常人难以忍耐的漫长与艰辛。做玉雕很吃力，程淑美在玉雕车间的水凳上一坐就是13年。磨啊磨，想啊想，万紫千红在她的头脑中飞升旋转，金的热烈、银的矜持、玉的莹润、珠的晶莹、钻的透闪，成为她忍耐寂寞的鲜活动力。

一次，一位澳大利亚客户拿来一块松石，要做一对袋鼠，还提出必须按照他的要求来做。中国传统的动物造型通常是抽象的，那位外宾要求必须具象，而且要做到纤毫毕见，活灵活现。没有扎实的雕塑基本功是不行的。就在工友们大多知难而退的时候，程淑美却出人意料地接下了这个活儿。师傅们不无担心地看她“切坨子（切料）”。只见她几刀下去，稳、准、狠地切出了大体轮廓，众人心中不由得一块石头落了地。玉雕行内有一个说法叫作“外行扒皮，内行切坨子”，意思是没有把握的工匠不敢大胆下刀，只能一点一点试探着来，生怕出错；只有成竹在胸的人才敢一步切割到位。就像人物动态速写，生手即使一笔一笔地重复着描，也还是把握不好人物的动态；而行家只需一两笔就能把人物的动态活灵活现地表现出来。这看似简单的过程需要付出辛勤的汗水。师傅看徒弟，只需其上手一刀就可看得真切。很快，程淑美就完成了这件颇见功力的作品，那位挑剔的澳大利亚客户双目圆睁，大呼妙极。

原来，程淑美始终在暗暗努力。当时，车间里的工人都是按类别做活儿，很多人已经习惯了只制作某一类作品，动物就是动物，人物就是人物，换个样子就不会做了。程淑美是有心人，不愿意自己仅仅是混个手熟的“卖油郎”，她暗地里刻苦钻研，想方设法多干活儿，干不同类别的活儿。

值得庆幸的是，程淑美有幸和当时赫赫有名的“玉器四大怪”之一的何荣大师同在一组工作。所谓“四大怪”，指的是中华人民共和国成立前玉器行业公认的四位大师，即“臭要饭的潘秉衡，大海茫茫何荣，小辣椒刘德赢，赛孔明王树森”，他们各有绝活儿，都是北京工美行业的标志性人物。何荣尤其了得，他打着瞌睡都能设计作品，“大海茫茫”可谓实至名归。何荣大师喜欢程淑美的执着个性和心无旁骛的艺术追求，遂用心教，令程淑美受用一生。

后来，年轻的程淑美当上了设计组组长。随着时代向前推进，她多了几分设计的自由。“20世纪80年代，是我们花丝镶嵌最辉煌的时期，作品品种很多，有鸟类、走兽、鱼虾类，还有器皿类、吉祥摆件、仕女人物、古代武士以及观音、释迦佛造像等。那时，产品几乎都是按客户的要求定制，我的观音作品很有影响，所以设计得最多。”

1972年，尼克松访华，中美邦交逐步正常化，中国国门终于向全世界敞开，北京工艺美术品厂也进入“蜜月”，一时间，库里积存多年的东西全卖光了。很多外国友人从中国的特种工艺品开始认识中国，他们由衷赞叹中国古老精湛的传统艺术。1989年，程淑美创作的《白衣大士》获得全国工艺美术品“百花奖”优秀创作设计一等奖，当时

花丝镶嵌又被称为“金与火的艺术”，在制作过程中要频繁用到火来焊接

我国台湾一位客户一下子订了400件，轰动北京工艺美术界。但“蜜月”很快就过去了。20世纪末，中国的工美行业市场渐入低迷。很多历史悠久的工艺美术工厂陆续倒闭，一些工美大师身处窘境，不得不去宾馆找做楼梯和房门把手之类的活儿；很多国家级工美大师被几万元买断工龄，令人痛惜。

∧ 程淑美的花丝镶嵌作品《叶上金蝉》

＞ 用细如发丝的金银线掐成的图案

从《你好小鹿》到观音造像

2000年，年近60岁的程淑美成立花丝镶嵌工作室。此前“半世孤灯半世烟”的磨砺似乎都是为了这一天，她终于可以实现让花丝镶嵌“亮立”起来的梦想了。至此，她已经在艺术的荆棘中苦行了近半个世纪。第一件作品，她不假思索地选择了观音造像。

在工厂做玉雕时，只能雕各色样板戏中的人物，都是伸胳膊踢腿的夸张造型，有时代局限性，做起来还特别费材料。一次，程淑美发现了一块方的玉料，灵感勃发就雕出了一件《你好小鹿》。那是一只回头俯卧的小鹿，小鹿腰窝处的余料她没有裁掉，而是巧妙地雕出一个可爱的幼童。幼童一手抚鹿，一手执柳枝，童与鹿，两相依依，憨态可掬。

观音造像的创作过程则处处体现了程淑美独到的设计理念和高超的制作技艺。她拿起画笔和工具，一时间，心静如水，如痴如醉，忘却了世事的烦扰，一个个全新的创意喷薄而出，每一个细小的创作环节都充满快意和感动。首先，她摒弃了传统的金属，用胴体感十足的象牙来制作观音的头和手。传统的观音造像是用头部镶嵌法，头部和身

体的契合显得生硬和突兀。在既符合中国传统审美观又充分表现作品完整性的基础上，程淑美大胆地把观音的头部和胸部用象牙完整地雕刻出来，使得头部和身体的连接浑然一体，令人眼前一亮。

程淑美非常重视对佛教仪轨的研究，她将观音的头身比例从正常人体结构的七分之一改成六分之一，突出了佛像头部所占的比例，显示其睿智和庄严；面相比例更是精致到分毫，其身体造型更加趋于端庄。观音的造像和仕女的造像大不相同，仕女大多用削肩，呈S形动态，显其妩媚；观音则一定要正身恭立，以显示庄重和尊严。

松弛感是人物最重要的精神体现，五官和身体的呼应到位才能充分体现人物的松弛感。有些佛造像一味按照人体结构进行写实处理，

△ 如发丝般的银丝，在以前都要靠人工一根根拉成

就不免有些生硬和世俗化了。

想着，画着，观音的眸子里便融进了她的一生所学所悟。收笔后再去端详，已是云开雾散，华彩满天，神人共舞。

程淑美亲手设计创作的两尊金、银观音造像在国内获奖后，又在海外一举斩获“国宝级艺品”的佳誉。那是两尊出神入化的观音造像，其身披佛衣，头戴天冠，顶罩布缨；面相饱满丰腴，眉目安详传神，头上整齐盘起的发髻丝丝毕现，精致细腻，颇具唐代遗风。特别是观音的眼睛慈祥而灵动，宁静中不乏睿智，温和中不缺优美；更令人叫绝的是，那双眼睛似乎可以随你而动，无论你走到哪里，那双眸子始终注视着你，抚慰着你。造像的细部打造中，花丝镶嵌的华美达到极致，其披帛绕肩缠臂自然飘下，飘逸飞舞，动感十足；瓔珞、项圈、臂钏、手镯等华丽珠宝烁烁生光；下着贴体薄裙，表面凿刻有呈水波U形的精细衣纹。观音右手上举持柳枝，左手自然下垂拈披帛，赤足立于束腰莲花宝座之上，令人炫目倾心。

薄如蝉翼的银质天衣也颇能体现花丝镶嵌的精髓。“为了使天衣呈现丝质的效果，需要一刀一刀地錾刻出间隔不足0.1毫米的纹路。必须非常均匀，做出丝绸的质感来。每一次錾活都须磨制新刀，这样细致的工艺更是十分费眼。花丝行话里有‘一屉眼镜几屉錾’的说法。”花丝镶嵌技艺在程淑美的手里神奇地释放了它的内涵和外延，她的技艺终于以端庄美丽的观音形象昭于世人。

此后，程淑美创作的每一尊观音造像都无一例外成为众人瞩目的经典之作：《白衣观音》《童子拜观音》获北京工艺美术评比精品奖；《乘犼观音》被选入《中国现代美术全集》；《慈航普度》获北京首届工艺美术节展金奖。其中《乘犼观音》中的犼四蹄腾云，极尽威武；而观音安坐其上，亦静亦动，形成很大的艺术反差。《慈航普度》用黄金、白银、宝石、象牙覆以珐琅、陶瓷，整个造像集万千华彩于一身，令人目不暇接。鉴赏者、收藏者都惊异于她出其不意的作品，每一尊造像都能让他们心如止水，萌生崇敬之意。普陀山方丈将她制作的观音概括为“庄严”“慈悲”“智慧”“福”“德”五相。

∨ 故宫博物院珍藏的花丝镶嵌珍品——清《金累丝嵌珍珠宝石五凤钿》

从皇家到世界

程淑美的作品别具风格，体现了一种跨门类、超越传统的崭新工艺，除擅长的人物类作品之外，还有首饰、摆件、器具、文物复制、金镶玉等几大类。近年来，她设计制作的一些花丝镶嵌艺术品作为“APEC（亚太经济合作组织）”“G20（20国集团）”峰会等大型国际会议的“国礼”馈赠贵宾，中国花丝镶嵌艺术随之迅速走向世界。她说，眼下国外对传统的中国花丝镶嵌艺术了解不多，作品主要供应国内市场以及东南亚等华人较多的地区。由于其纯粹的“中国化”造型和内涵限制了国外藏家的认知度和喜爱度，这就要求我们要适时地改变固有的设计理念，找到国际市场感兴趣的点，按照市场要求去改变长久不变的设计思路。她说，其实，国外的首饰行业中也有花丝镶嵌工艺，但比较简单。现在年轻人都喜欢外国的首饰，殊不知，中国的花丝镶嵌工艺从制作到设计都是最好的。目前，香港首饰的花丝镶嵌工艺大多在内地制作，只是传统花丝镶嵌中的一些设计相对老气，不太容易配时装，也缺乏立体的、大型的、具有视觉冲击力的花丝镶嵌作品。

前些年，国内著名的玉雕大师宋世义创作了一件作品《浴女》，将出浴少女的玲珑曲线展现得惟妙惟肖。但玉雕再好，没有衬托也会显得孤单突兀，因此宋大师慕名请程淑美用花丝镶嵌的手法为其配托。由于中国传统的花丝镶嵌造型与该作品的风格搭配不太和谐，程淑美在设计中大胆引入异域风格的元素，创作出了一件玉雕和花丝镶嵌的经典组合作品。她用代表西方建筑风格的古希腊爱奥尼亚式柱石做玉雕作品的底座，沿底座蜿蜒而上的几枝灵动而飞扬的藤蔓，在少女身侧形成自然而美丽的衬托。藤蔓上有许多花朵溢出。在完整而丰富地表现少女身体的同时，蜿蜒而上的藤蔓和花朵同时具有“抱抓”的功能，自然地托起少女的身体，使主人公柔和美丽的线条得以充分舒

展。美丽的玉雕和精湛的花丝镶嵌艺术相得益彰，珠联璧合，典雅若空谷之兰，自然若九曲之溪，令宋世义大师大喜过望，爱不释手，并将其永久珍藏。多年以来，数不清的程淑美作品走出中国，漂洋过海，遍布世界，让中国花丝镶嵌艺术在世界艺术文明的大舞台上熠熠生辉。

“放得开”是何荣大师对程淑美的评价。如今的花丝镶嵌对于程淑美而言已经不是一门手艺，而是一种极致状态的追求。她的成功得益于她曾经痴迷的素描技法，得益于她深厚的中西画功底，得益于她对花丝镶嵌艺术的独到领悟，得益于她十几年的“水凳”生涯，更得益于她画过的无数设计稿和创作过的无数花丝镶嵌作品。那个几十年前在故宫珍宝馆忘我临摹的小姑娘终于厚积薄发，梦想遂心，在花丝镶嵌的大世界里达到了一种挥洒自如的博大境界。

2006 年 12 月，国家发改委授予程淑美“中国工艺美术大师”称号，这是迄今工艺美术行业的最高荣誉，程淑美实至名归。

2009 年 3 月，鉴于程淑美的花丝镶嵌艺术形成了鲜明的风格，并在中国花丝镶嵌艺术领域独树一帜，北京工艺美术行业协会、北京民间文艺家协会、北京玩具协会联合组成的专家委员会将其命名为“程

∧ 给半成品花丝镶嵌制品进行细节调整

< 工作中的程淑美大师

故宫博物院珍藏的花丝镶
嵌珍品局部

氏花丝”。这是北京工艺美术界首批以姓氏命名的艺术流派。用一个人的姓氏命名一个艺术产业门类可谓莫大的荣誉，从此，程淑美的名字与北京花丝镶嵌艺术合璧，焕发出耀眼的光辉。

“背灯和月就花阴”，对程淑美来说，已是“半世踪迹半世心”。如今的北京程氏金艺文化发展有限公司坐落在北京东郊一座相对独立的两层小楼上。虽然有了自己的工作室和公司，但程淑美仍旧潜心艺术，心无旁骛。

程淑美的老伴儿高振声是她在北京工艺美术学校上学时的同学，老两口几十年栉风沐雨走过了无数坎坷。原本也有着高超玉雕和雕漆技艺的老高甘当绿叶，全心全意地做好程淑美的“贤内助”。老两口说起花丝镶嵌行业的现状，不觉有些激动。如今，工艺美术行业正面临着一个断层，不少传统技艺都有濒临灭绝的风险。比如，现在从事花丝镶嵌的，四十多岁算年轻人，五六十岁才是主力军；再过几年，技术再好的师傅也都要回家养老了，培养接班人已迫在眉睫。但是学手艺太苦了，设计更加困难。花丝镶嵌最麻烦的是设计，作品中的每一个部件都要单出一张图，还要出石膏模型。每个新产品都是用石膏和图纸堆起来的，只有这样才能保证工人们能看懂、能操作。一个花丝摆件，仅设计就要三个多月，制作还要一个多月。现在人们的生活条件越来越好，很多孩子都吃不了这个苦，耐不住这个寂寞。所以，他们选徒弟的第一标准是能吃苦。

好在这些年来，国家越来越重视工艺美术行业，推出了各种展会、评比，也陆续出台了许多相关的优惠政策。大环境越来越好，做起事来自然也就容易多了。目前除了中央工艺美术学院等高端院校以外，其他的一些大专院校纷纷设立工艺美术专业，给许多立志传承中国传统特种工艺的年轻人创造了深造的条件。

从 16 岁进北京工艺美术学校学习花丝镶嵌算起，今年已经 70 多岁的程淑美在这个行业已经干了半个多世纪。她说，这是个干到老学到老的行业，花丝镶嵌人永远年轻。

> 程淑美的花丝镶嵌作品——《观音像》

本篇撰文：波音

吴王剑的道道寒芒，
银槎杯的环环波光，
闪烁着吴地金工的聪慧。
他们一手握锤，一手持凿，
刻画了姑苏城的无尽繁华。
敲敲打打中，
一方墨盒装下了三千世界；
叮叮当当间，
几扇屏风关住了万缕悲欢。

百工之城，千年金光

青铜剑的剑首，有许多同心圆凸纹。在仅4.4毫米的宽度内，竟有四周同心圆凸纹，凸纹之间还有极其细密的绳纹……

这些工艺精湛的青铜剑出土于苏州虎丘的春秋墓中。苏州是春秋时期吴国都邑，而那些青铜剑，就是历史上赫赫有名的吴王阖闾剑、吴王夫差剑等器物。与民间百姓热衷于关注古剑的锋利与否不同，文化遗产的专家们会把目光停留在那些精细的花纹上，久久不愿移开。因为他们懂得，那些花纹代表了传承数千年的古老技艺——抬凿錾刻。

历史上，苏州有“百工之城”的美誉，其手工艺门类繁杂，源远流长。在苏州众多工艺

∨ 抬凿錾刻小物件

抬凿錾刻作品《荷塘挂屏》局部

美术门类中，金属工艺可谓辉煌而独特、惊艳且低调。苏州传统金属工艺可分为十几个大类，广为人知的包括锤鍱、錾花、凿刻、雕镂、金银错、镏金等；还有多用在金银器、首饰制作上的工艺，如镶嵌、包金、掐丝、花丝、炸珠、浇铸、劈花、雕金、烧蓝、点翠、珐琅等。

从商代始，中华大地就是青铜器和其他金属器的繁荣之地。对于金属器的工艺加工，历来为贵族阶层和平民百姓所重视甚至痴迷，因为那些纹理图案不仅代表了对美的追求，还代表了人们对于信仰、礼仪的坚守。及至春秋战国时期的青铜时代，青铜器上已经出现了浮雕图案，但当时的浮雕采用的是浇铸技艺。那时吴地的青铜文化正进入一个辉煌的阶段，特别是在青铜礼器和兵器的制造上，虎丘的春秋墓中发现的青铜剑、青铜矛上的花纹、铭文已经运用了錾刻的工艺。

秦汉时期的人们热衷于金银器皿，当时吴地的金银器制作已相当成熟，采用了锤鍱、掐丝、焊接等多种工艺，而且金银器制作传统工艺已经从古老的青铜器制作中分离出来，成为一门独立的金属手工艺。

唐宋时的苏州商业发达，市井繁荣，手工艺人云集，金属工艺成为众多行业中极为重要的行当。当时的金器加工重视纹饰的繁缛绚丽，并日趋图案化，器物有杯、觞、壶、碟、炉等。吴地的另一种知名金属工艺是铜镜制造。铜镜的造型、纹饰都十分精美，上面的浮雕图案是用抬凿技法完成的。唐代大诗人白居易曾经在苏州做过刺史，领略过苏州金属器制作的精湛技艺，还留下了“珠箔银屏迤逦开”的优美诗句。到了晚唐五代，上层社会流行产自吴地的金银器，其造型秀美，制作技艺极为高超。最具代表性的器物当数 1978 年从苏州瑞光塔出土的珍贵文物——真珠舍利宝幢，宝幢上的狮子是用抬凿技艺制作而成的。

元代是一个海纳百川的博大时代。元代金银饰品和金属制作技艺更上一层楼，抬凿錾刻、锤鍱、镂刻等金属工艺技法更加繁多，金银器皿表面大多采用錾刻技艺。1959 年，苏州黄桥吕师孟墓中出土了元代银八宝果盒、银扁盆、水盂、金碗等器物，其中表面花纹全部是錾花，图案有龙凤、花鸟等，做工十分精细。元代还诞生了一位铸银工艺名匠——朱碧山，他所制作的银槎杯，整件以白银铸成，各部分都是铸成后再进行焊接，是运用錾刻和雕镂技艺共同完成的金属艺术品。

明清时代，苏州金银器物的选料之精、磨弄之细、技艺之高令人赞叹，达到了登峰造极的程度。古籍记载，当时苏州制造的细嵌金银填鼎、细嵌天鹿、辟邪像、金观音、弥勒等作品精美绝伦、美不胜收。这些精美艺术品的背后，都离不开抬凿錾刻技艺手法。清乾隆、嘉庆年间是苏州金银首饰业的兴旺时期，当时已有大小银楼 104 家，规模较大的有悦来、天宝楼、恒孚、老万年，其中以恒孚银楼为魁首。始创于嘉庆年间的恒孚银楼制作的鼎、杯盘、盒、环镯、锁以及寿星、八仙等工艺品上面都有錾花，大多是传统的龙凤花鸟。

1958 年，龙门金银制品厂在苏州成立，为城乡居民加工各种金银饰品，生意非常红火。如今，以抬凿錾刻技艺制作的大件金属艺术品大部分陈列在城市酒店的大厅作为装饰。同时，该技艺还广泛应用于国内外宾馆自助餐厅内的器皿，国际宴请选用的银盘、碗筷碟上，甚至外国政要客商都慕名定制、使用抬凿錾刻的餐具及其他用品。

> 抬凿錾刻摆件

抬凿有分寸，錾刻见真功

那么，到底什么是“抬凿錾刻”呢？

这四个字恰好代表了苏州传统金属工艺中的四种技艺，是艺人以各种锤子和錾子作为工具，借助胶地或硬地，作用于金属薄板表面，使金属逐渐凸起成型并使金属表面得到装饰的工艺。

其中“錾”是将錾子在金属表面上移动并用小锤垂直敲击，利用金属的延展性使之出现凹线条，形成想要的图案。这种技法不会把金属表面的材料削下来，只是通过敲击留下凹陷印记，没有材料上的损耗，因此在贵重的金银器加工上使用比较多。“錾”所使用的錾子也称凿子，品种因成纹需要的不同而不同。

“刻”就是人们通常理解的雕刻，一般指通过锤子敲击刻刀顶部，

借用敲击之力带动刻刀游走，锋利的刀头在金属表面划过，剔除部分金属屑，从而制造出凹线条，产生线条图案或造型。

錾刻的刻法十分关键。刻刀运用得当，则书法上的楷书、行书、隶书、草书等皆可表现，金属器物上既有书写味又有金石味。一件成功的刻金作品，是书画家和刻金艺人的联袂之作，二者缺一不可。錾刻的过程，其实就是刻金艺人对平面书画作品的二次创作。要刻出一幅好的作品，既要有錾刻的功底，又要对所刻内容有深刻的理解，做到心手相应，绝不是简单地划划刻刻就能成功的。运用各种技法錾刻出来的线条充满活力，可以赋予作品旺盛的生命力。

∧ 抬凿錾刻前的画图是非常重要的一步

苏州錾刻的代表作品是刻铜墨盒。在清末、民国时期，大量的书

< 抬凿錾刻工具

画家提供的原稿，结合刻铜名家陈寅生等人的卓越技艺，使刻铜墨盒的品位格调得到大幅提升。随着墨盒与笔墨日渐被现代书写工具取代，刻铜墨盒曾经几近消失。而近年来它又逐渐受到收藏者青睐，不仅因为刻铜墨盒是书画名家和刻铜高手的联袂作品，还因其具有厚重的艺术价值和文化内涵，蕴含了许多历史掌故。

抬凿是两种工艺的组合。在金属薄板的反面使用锤子敲击凿子，通过凿子的击打，使图案在薄板的正面凸起，就是“抬”；使图案在金属薄板的正面凹陷，就是“凿”。工匠会根据需要制作的图案，组合使用两种技法，正面反面反复敲击，使金属表面越来越清晰，层次越来越分明，浮出美丽的图案。

乍看上去，抬凿呈现的作品效果类似于浮雕，外行人常常把浮雕与抬凿混为一谈。其实，对于材料，“雕”是减法工艺，“塑”是加法工艺，而“抬凿”是在作品制作过程中，金属材料本身不减不加的一种处理方式，因此与雕塑是不同的，别具趣味。

一块薄金属板上，可能会包括各种艺术素材，工匠们会将艺术的美感和抬凿技艺结合，把它加工成一种似浮雕却非浮雕的艺术品。从工艺历史上看，抬凿是从錾刻技艺的基础上发展而来的。随着审美水平的提高和工艺的发展，古人对金属器物美感的要求提高了，平面花纹的錾刻逐渐演化出浮雕花纹的抬凿。

∨ 錾刻用的工具上都有细致的刻画

> 姚士荣在工作室内创作作品

敲敲打打，一生所爱

“父亲是银匠，我从小受父亲影响，走金属手工艺这条路已有 60 多年了。我并不是单一做铜器，而是金银铜等金属材料都用。以前主要是做金银器，铜器是其中一小部分。后来由于艺术生活化，铜代替贵重的金银材料，让艺术品走向了老百姓家。”

1943 年出生于工艺世家的姚士荣是江苏省工艺美术名人，也是苏州市非物质文化遗产“金属凿刻”技艺传承人。姚家从事金属工艺，传到姚士荣已经算是第四代。姚士荣从小就喜欢看家里人敲敲打打，慢慢对各种技法产生了兴趣，不知不觉间已经开始学习手艺了，因此他的艺龄和年龄差不多大。

苏州金属工艺厂成立后，为了发扬金属手工艺文化，时任厂长的许云峰求贤若渴，到处寻访，召集了十几位技术高超的工匠，年龄最大的竟然有 90 岁，最年轻的是一位上海老师傅，年龄也有 60 岁。姚士荣当时和金属工艺厂有业务联系，于是成为各位老师傅的常客；又因为自己家传且从事金属手工艺，而且谦虚好学，所以一有机会，他就去观摩老师傅们的手艺。

姚士荣回忆，那些老一辈艺人制作的古盘、烟盒、熏香炉、银器等作品令人叹为观止、大开眼界，充分展现了苏作金属工艺高超的水准。当时有一位姓任的老师傅，他制作的蜡烛套，黄铜皮材料只有 0.6 毫米厚。他用抬凿技艺呈现浮雕松、鹤图案，留白的地方毫无凿子和锤子痕迹，线条流畅，收边干脆利落，技术达到令人称奇的高度。

名师出高徒，耳濡目染之际，技艺日益增进的姚士荣也逐渐从学徒走向大师。虽然抬凿錾刻这门技艺有点“小众”，但姚士荣一路坚持了下来。他创作的抬屏、挂屏、立体铜雕、

金银大作、编结熏香炉等，全凭一锤一錾在薄薄的金属片上“绘制”出一幅幅美妙绝伦的图画，不论是植物的枝叶纹理还是动物的羽毛鳞甲，乃至人物的头发、皱纹，都栩栩如生，不逊于在宣纸上绘出的工笔画。

从 2006 年起，姚士荣的作品在国内频频获奖。与此同时，以他为代表的苏州抬凿錾刻艺人们也迎来了“春天”。2011 年,“金属凿刻”技艺被列为苏州市级非物质文化遗产项目；次年，姚士荣被评为市级“非遗”代表性传承人。

“在嘉庆年间，苏州金银店有 104 家，后来只剩下恒孚银楼一家。从现状看，金属手工艺一定要紧跟时代，在传承传统的基础上创新，在审美观点上适合年轻人；要走向生活，生活艺术化，艺术生活化；在技艺上创新，要科技化。”谈到如何坚持传统与开拓创新、如何“鱼与熊掌兼得”，姚士荣是这样说的，他也是这样做的。

但随着现代工业的发展与人们生活需求的变化，许多过去常用的金属制品被淘汰，传统手工艺被机器工艺所取代，致使许多传统金属工艺没有传承下来，逐渐消失在历史的尘烟中。特别是金银器的制作工艺，已经基本被机器工艺替代。少数金属工艺即便传承下来也是举步维艰，而且面临“后继无人”的尴尬，濒临失传。

苏作金属工艺在历史上有文人的审美指导和参与，不仅技法细腻，更具有书卷之气，能够体现千年氤氲的吴文化的精髓。可惜的是，

△ 姚士荣在錾刻

∧ 姚士荣和他的抬凿錾刻作品
《香炉》

随着老一辈匠人的离世和辍工，苏作抬凿錾刻技艺几近失传。

姚士荣经过多年探索研究，认为此项技艺的关键在于匠人的文化功底和书画基础，所以他在挑选和培养徒弟方面就有了标准和方向—— 一定要有较好的书画基础。他的徒弟多从美院师生中选拔，或从有书画传统的家庭选拔。姚士荣选徒、育徒的用心，使他的周围凝聚起一支文化层次较高的技艺团队。他们恢复并创新了许多已经“断档”多年的苏作抬凿錾刻工艺。例如，他们制作刻铜墨盒时，将四大才子的作品刻在墨盒里面，还用到丝绵、砚片，实现墨水和砚台的结合，践行了生活艺术化、艺术生活化。姚士荣认为，这才是“非遗”技艺现在和将来应该走的道路。

姚士荣将毕生心血用于金属凿刻技艺的发展和传承，以传统技艺创作了一批风格独特的金属工艺品。此外，他还撰写了多篇论文，为传承金属凿刻艺术留下了宝贵的文字记录。

“我肩上的责任就是把传承工作搞好，所以我对全国各地来苏州学习的年轻人，从不收一分钱学费，而且毫无保留地教技艺，带过的学徒计算不清。”

随着年龄的增大，姚士荣越发感受到传承的危机，希望尽自己最大的努力，为发展和传承抬凿錾刻技艺、弘扬传统文化贡献力量。每天，年逾古稀的姚士荣都迈着坚定的步子，走过粉墙黛瓦，走过小桥流水，走在叮叮当当的岁月里。

本篇撰文：陈卫卫

中国传统工艺品最讲究“功夫”二字，
不管是刺绣、缂丝、象牙雕刻，
全都在细密上显能耐。
而熊氏珐琅更上一层楼，
将工艺性和观赏性做到极致，
并且融入了世界奢侈品产业链。

清宫造办处，京郊有遗珠

汽车从北京东三环向东奔向通州，约一个小时就来到漷县镇靛庄村。这是一座京郊常见的村庄，院落宽敞，绿树掩映，时不时传来鸡鸣狗吠，城市化的洪流尚未完全将它淹没。其中一座外观普通的大院，就是业内闻名的熊氏珐琅生产基地。

掌门人熊松涛，是熊氏珐琅第三代传人，也是北京市工艺美术大师。与想象中的不同，这位中年人不像一般手工艺大师那样如仙鹤般淡然，而是身材敦实，面阔耳方，笑声朗朗，一副典型的北方汉子模样。圈里都管他叫“熊爷”，一是对他手艺的尊崇，二是因他性格上的仗义和豁达。

对于珐琅，普通人可能不太熟悉，甚至有人会将它跟搪瓷搞混。简单说来，珐琅就是在金属胎体表面用不同颜色的釉料画上图案烧制而成的工艺品。图案绘制大概有两种方法，一种是直接用笔蘸取釉料描绘，其优点是图案丰富，人物瑞兽、风光建筑等均可入画；另一种是在胎体表面錾出花纹，或以金属丝掐出图案，再以釉料填充，每块颜色都像镶了一道金边，虽然缺乏手绘的飘逸灵动，却雍容华贵，精致绝伦。

大家熟知的景泰蓝，就是采用的后一种工艺，正名叫“铜胎掐丝珐琅”，即以铜胎为底，表面焊上铜丝弯制的花纹，然后填充釉料烧制，经打磨、抛光、镀金等多道工序才算大功告成。明朝第七位皇帝景泰帝对这种工艺尤为欣赏，大力扶持工匠生产，后人遂将这种制品称为“景泰蓝”。

在熊松涛给我们沏茶的间隙，我恭喜他，这几年《延禧攻略》等清宫剧爆红，那些披金挂银的贵妃公主们给景泰蓝做了活广告。熊爷一听：“没那好事，电视剧里的道具只是些廉价仿制品，不能代表真正的珐琅艺术。正宗的珐琅工艺品，一定是不惜血本、精益求精的，一件作品要做好几年，当然价格也很贵。普及化和平价化，不是我们这个行业的出路。”

景泰蓝之所以带有与生俱来的贵气，正是因为它滥觞于宫廷。在明朝中晚期，相关工艺已经成熟。故宫现存的景泰蓝文物外观磨光细润、镀金匀实、纹理缜密。葡萄紫、天空蓝、玫瑰红等颜色交相辉映，放射出宝石般的光泽。由于做工繁复，只能成为达官贵人的专有物，离寻常百姓很远。

清康乾年间，国力强盛，财政宽裕，朝廷设立了内务府造办处，专事打造御用器物，景泰蓝工艺达到高峰。宫内随处可见景泰蓝制品，小到床榻上的帐钩，大到屏风、桌椅、佛塔装饰。“清朝珐琅制品最好的还是康乾时代。哪怕是21世纪的今天，技术虽有很大提高，但做工还是达不到那时的水平。比如铜丝接头，内行人都能瞧出来现在的粗糙。说到底，还是跟人工投入有关系。那时一道工序能做一年半载，今天我们也那样做的话，成品价格要翻几倍，那卖给谁去啊？”熊爷苦笑着说。

北京是中国景泰蓝的发祥地，也是最重要的产地。清朝晚期，形成了以内务府造办处“珐琅作”为龙头、官营和民间作坊为龙身的完整生产线。20世纪初，知名作坊老天利生产的“宝鼎炉”在美国芝加哥世界博览会和巴拿马万国博览会上均获一等奖，为中国景泰蓝在欧美上层社会扬了名。

熊松涛的爷爷就是在内务府造办处于通州设立的作坊中学到了手艺。1949年后，为了获取外汇，政府在靛庄村成立花丝厂，产品全部出口，老人家的手艺重新有了用武之地。熊松涛的爷爷、父亲，以及他自己，祖孙三代都在这家厂子里工作，践行了“择一事，终一生”的匠者精神。经过几次股份制改革，厂子成为熊氏家族企业，这也是北京市最大的珐琅企业。“做我们这行，就是要安安静静待在一个角落，离市区太近反而会影响我们创作。”

< 熊松涛和他的珐琅作品

一块珐琅表，撬开大市场

景泰蓝看起来“高大上”，但现实中，手艺人的生存状况却不容乐观。由于大部分产品沿袭传统造型，在追逐时尚的主流市场接受度不高，这使得一些恢复生产的大小工坊不得不停业或转行。

虽然市场不景气，但熊氏祖孙三代却一直坚守传统工艺，不向低成本、低价格、低质量妥协，顽强地活了下来，而且名声日隆，甚至在欧美收藏界也赢得了一席之地。百达翡丽、江诗丹顿等国际知名品牌在进行腕表设计加工时，不再自动过滤掉“中国制造”了。跟国际品牌紧密合作，是熊氏珐琅的重要战略，熊氏珐琅由此融入国际奢侈品生产链，在高端市场

∨ 熊松涛手绘设计图案

珐琅手镯

赢得了一席之地。

故事还得从 21 世纪初说起。那时熊氏珐琅主要做一些出口摆件，但年富力强的熊松涛不甘于现状，一直琢磨怎样让家族事业跟上时代发展，取得新的突破。一次他偶然翻阅一本奢侈品杂志，广告页上精

美的瑞士名牌掐丝珐琅手表让他眼前一亮。他隐约觉得这是一条新路。经过四处打听，他在王府井一家专卖店找到类似样品。

△ 光彩夺目的珐琅器皿

“感觉这和烧制景泰蓝没有太大区别啊，我家几代人都是做这个的，为什么不能试试呢！”谁知道，这一试就试了差不多五年。

一开始熊松涛想直接在表盘上移植自家工艺，但发现在细节上达不到人家的效果。于是他走出国门，到瑞士、俄罗斯、法国、日本等相关工坊参观考察。“如果让对方知道你是同行，肯定不让看啊。我只能扮作媒体记者、会展工作人员等蹭进去。”熊松涛笑着说。那几年，他“每天脑子里想的不是别的，都是怎么去解决工艺和技术问题”。

作为手表这种精密仪器的重要部件，珐琅表盘对工艺水平和材质要求极高。经过反复比较，熊松涛最后采用纯银做胎底，因为它的反光率比黄金和铂金都高，色彩还原度也非常好。瑞士人制作的掐丝厚度为 0.07 毫米，熊松涛减小到 0.04 毫米，比头发丝还细。为了不让如此细微的掐丝在焊接时熔化，表面还要刷上熊松涛的秘制保护剂。整个研发过程，就像在做一台精密的手术，小心翼翼，诚惶诚恐。费时费力不说，每一个成功的步骤背后都付出了极高的代价。几年下来，光是调整焊粉比例就消耗掉了 20 千克白银，平均每年研发费用达七八十万。

2006 年，熊松涛得到一个和北京手表厂合作的机会，制作了一款“蝶恋花”掐丝珐琅表盘。在这块直径不到 4 厘米的表盘上，熊松涛倾入了几年呕心沥血的成果，无论做工还是效果都得到了业内人士的高度评价，熊氏珐琅终于自成一派。

2007 年，熊松涛带着自家的珐琅表盘参加瑞士巴塞尔国际钟表展，浓郁的东方气息和卓越的工艺，吸引了众多国际品牌厂商的目光。由此，熊氏珐琅走出国门，出现在国际腕表品牌的供应链名录中。“我做的掐丝比欧洲厂家更细，有利于弯制造型。掐丝与胎体牢牢地焊接在一起，比欧洲工艺洁净度更高，不容易产生气泡。”这些以熊氏珐琅表盘装配的国际名牌腕表都是限量发行，平均售价达人民币 100 万元左右。打入国际市场后，国内主流手表厂商也纷纷和熊氏珐琅开始了合作。

品质铸品牌，质量赢口碑

走进熊松涛的工作室，屋子里一片寂静，间或传出或清脆或浑浊的敲打撞击声。工人以中年人为主，也有年过半百的老师傅，已经在这里工作了大半辈子。这种手艺，除了天赋灵气外，更看重时间的积累和经验的沉淀，熟能生巧，巧而变精。

2012 年，北京保利秋季拍卖会上，熊松涛跟北京手表厂合作的处女作——“蝶恋花”掐丝珐琅表盘拍出了 80 万元高价，惊艳了收藏界。多年淬炼之后，熊氏珐琅表盘成为“一览众山小”的产品，说它是珐琅艺术的巅峰名副其实。比如，表盘底板一般以黄金为主材，因为耐得住多重高温烧制而不易变形。在表盘上作画需要比绣花有更足的耐心与细心——上一种颜色就得烧制一次，复杂图案得烧制几十次，前后要 10 天左右。

如果经验不足，细小的差错都会让表盘变形、起泡或破裂。这些“废盘”熊爷都没舍得丢，十几年下来积攒了一大箱子。我随手拿起一块表盘，看起来色彩饱满、手感润滑，拿放大镜看也没挑出啥毛病。熊爷接过表盘，对着光线转到一个角度，指着一个小点点，我这才看到那里有一个微小的气泡。“花钱买我作品的人都很讲究，不像普通人一样买回来放在桌子上看看就完事，而会捧在手里像玉石一样反复把玩，再不起眼的瑕疵也难以容忍。所以只有让客户 100% 满意，才能建立我们的口碑。”

我看到这些“废盘”中不少具有相同的图案，熊爷解释道：“表盘成品率不足 10%，最怕的是接近成品的时候做坏了，真心疼啊！”

不过，珐琅表盘再精美，也只是高档工艺品中一个很小的细分市场，不足以支撑传统珐琅文化的复兴。“人们愿意花 30 万元买一辆车，却不愿花这么多钱买一件限量版珐琅工艺品，哪怕这辆车 3 年后贬值到了 15 万，而这件工艺品反而升值了。说到底，因为大众对美的需求不足，对艺术的标准也不高。就像一位有钱人，外面穿着几万元的高级定制西服，里面却套着件几十元的 T 恤。所以这事儿急不得，需要等整个社会的认知和消费水准上来后，我们的市场才能进一步扩大。”

为了更好地生存下去，熊松涛采取精品策略，以做奢侈品表盘的工艺标准精心打造其他产品的生产流程，树立熊氏珐琅高端品牌形象。“有了品牌，才能把手艺传承下去。”除了

∧ 熊松涛在打磨胎体

> 掐丝后的填色，每填一种色就得烧制一次

珐琅掐丝需要极大的耐心和细心

表盘定制，工作室主打收藏品、艺术品创作，还有少量首饰、摆件制作，以高端收藏品为主，民用市场为辅。大多数产品的器型不是很大，有利于捧在手中观赏，而不是放在高高的殿堂上陈列，可望而不可即。

坚持传承，却不墨守成规，是熊松涛的创作原则。以前跟时尚潮流“绝缘”的他，养成了翻阅时尚设计类书籍的习惯。各种最新的设计理念、工艺方法、花色纹样、国际动向，都需要关注。他还会向美院教授请教，探讨珐琅工艺的发展之路。

作为土生土长的北京人，熊松涛很多创意灵感来源于中国传统文化，比如明清宫廷元素、吉祥图案等。“好设计是作品的灵魂”，一件作品从草图开始，反复修改、调整、咨询专家，往往耗费几个月时间。重要作品还要预先打样、试制。尤其一些欧洲客户提供的图案不能在珐琅表盘上完全还原，需要反复协商修改。

熊氏珐琅的核心竞争力是熊氏独门工艺。做一件成品，传统景泰蓝有 30 多个步骤，而熊氏珐琅在改良创新后有 50 多步；传统珐琅以铜胎为主，熊氏珐琅以银胎为主；传统景泰蓝约有 200 种颜色，而熊氏珐琅拓展到 600 多种颜色；相对传统珐琅，熊氏珐琅釉料更透明，质感更温润，因为添加了诸如青金、和田玉、玛瑙、绿松石等宝石类颜料，烧制之后获得了独有的色泽。

在交流中，熊松涛常常流露出很强的使命感。珐琅工艺从中东阿拉伯地区传入中国，经历代名匠的本土化发展，至今已有600多年历史。“不能在我这儿把手艺搞丢了。”但继承只是第一步，他更大的心愿是有所突破和创新，带来更大的发展。熊松涛的女儿在英国学习艺术设计，有时也会用珐琅工艺搞创作。对女儿的作品，“说实话，我真心不觉得那符合我的审美。但你不能用自己的标准去要求别人，因为珐琅行业的未来还是在下一代手里。”

∧ 珐琅表盘

自古以来，
儒家就大力提倡“君子比德于玉”，
以和田玉为代表的玉文化，
是中华文明的重要标签。
玉石之路是一条比丝绸之路开通得更早的商路，
和田玉是昆仑山之心，引得天下玉工竞折腰。
马进贵是无数“一片冰心在玉壶”的琢玉人中的一个。
只不过和一般玉雕大师不同，
他在玉器表面镶嵌金银纹饰以及珍贵宝石，
造型独特，华贵雍容，充满西域风情。
如今，马进贵被业界人士称为“马爷”，
他获得这个名号，只因为他和金银错的一段传奇。

一见倾心金银错

故事得从20世纪40年代说起。一天，北派玉雕大师潘秉衡在古玩市场看到了一件奇特的残缺玉雕作品，玉器在外形上虽然残缺，但却气宇不凡。在玉器上嵌入金线，用金线绘出图案，让金的光泽和玉的温润形成强烈的对比，让这玉器显得雍容华贵、绚丽多彩。经过对残玉的研究，潘秉衡确定这就是失传了200年之久的传奇——金银错玉器。

金银错之所以被称为传奇，不是因为工艺本身（金银错是我国工艺美术界的一种技艺，在工艺美术中有广泛应用，早在商代的青铜器上金银错就开始“登台演出”），而是金银错和玉器的结合：金银错工艺是在器物上绘出图案，依图案錾出槽沟，再将纯金或纯银拉出细丝或压成薄片嵌入图案中。玉器因为自身易碎的特性，千百年来一直与金银错无缘，直到乾隆二十四年（1759年）。清朝平定了天山南路大小和卓的叛乱，自此从西域到中原的“玉石之路”成为坦途。因乾隆酷爱玉器，天下玉工竞相献美，乾隆开始在紫禁城建设“玉器大本营”。金银错玉器正是“痕都斯坦”（今克什米尔一带）派出的“种子选手”。它甫一现身，就以卓尔不群的外观和雍容华贵的气质征服了乾隆，最终“三千宠爱在一身”。

乾隆一生为其赋诗70余首，招天下能工巧匠，最终把舶来的金银错玉器打造成“皇家制造”；金银错玉器也迅速成长为中国玉器文化中“西派”的代表，结束了西域产玉不雕玉的历史。然而，因为金银错玉器对工艺要求极高，乾隆之后国力不济，“皇家制造”的玉工最终被裁员。随着这一代玉工逝去，金银错玉器最终成为中国漫长的玉文化中的流星。

潘秉衡参照此块残玉，制出了一款压银丝嵌执壶，恢复了金银错工艺。但正所谓“盛世藏玉”，金银错重生时遇上当时百废待兴的历史时期，金银错工艺失去了被发扬光大的机会。随着潘秉衡大师老去，金银错工艺再次失传。

20世纪70年代，马进贵被派到北京玉器厂学习。在北京玉器厂的精品展示厅，马进贵第一次看到潘秉衡大师用金银错工艺制作的玉器时，有种贾宝玉见林黛玉时的惊艳和惊喜：世间还有这么漂亮的玉器？这就是我要打造的玉器！仅仅一面之缘，金银错就已经在马进贵心中种下了“蛊”。

为了目睹更多金银错玉器芳容，马进贵把目光锁定在“玉器大本营”——故宫。他每天

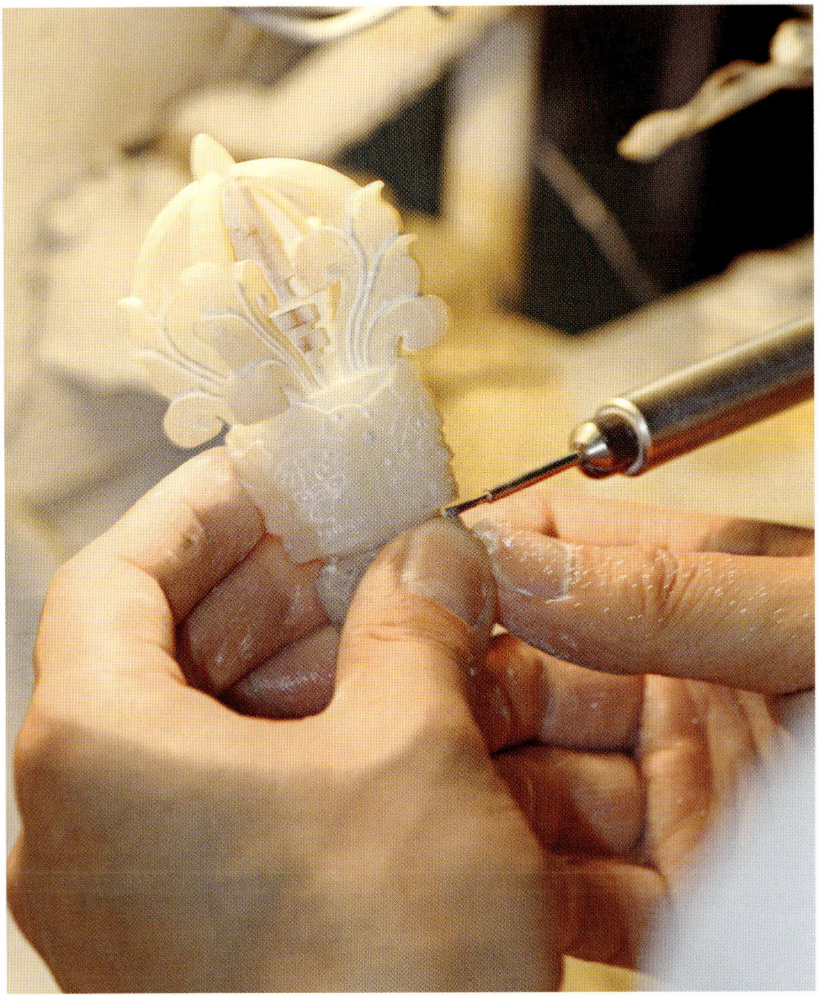

都带着两个馍、一杯浓茶一头扎进故宫。没有相机，那就用素描。一款款金银错珍品的倩影才下笔头却上心头。回到新疆，马进贵就向厂长请缨，开始了金银错玉器的试制。

对于马进贵来说，金银错玉器就是一位高傲的冷艳美人。他为这份绝世美丽倾心，也明白想要“抱得美人归”必须付出绝世艰辛。为什么金银错后继无人？是因为它太特殊、做起来太难：金银错玉器是中外玉文化交融的产物，是中国玉文化中独特的一支，设计者和制作者学贯中西的文化底蕴是制作金银错玉器的前提；玉器金银错工艺是一门“交叉学科”，玉雕师有熟练的玉雕手艺是远远不够的，金银的加工工艺还得练得炉火纯青；制作金银错玉器完全是“摸着石头过河”，周期长、工作量大、难度高，最初投入时还完全不能产生经济效益……

∧ 玉器雕刻是制作金银错工艺品的基本功

< 金银错工艺最大的难点是：要在玉器上錾出槽沟，才能嵌入金银丝，而玉器却极易碎

深究每一个问题，每一个问题都无解，马进贵决定不去想那么多，抱着“车到山前必有路”的心态投入金银错玉器的研制中，“这一特技要说高不可攀也未必，世上无难事，只要肯攀登，没有做不了的”。

那时还是计划经济年代，市场上无法随意买到金银原材料，那就买一只银戒指熔化后拉丝；玉器易碎却要在玉器上錾出槽沟，那就先在石头上练手，手熟后再将每一种物品做几个备份……整整半年时间，马进贵终于做出了第一件金银错玉器作品。作品虽然不算完美，但是却引起轰动，因为这标志着潘秉衡之后，金银错工艺后继有人。但是轰动不能当饭吃，传承人不能不干实事。在那个抓生产压倒一切的年代，费工、费料的金银错工艺在领导的赞许中被明令禁止：别人一个月出几件作品，你一件作品要做几年，有消极怠工的嫌疑。

<《白玉错金嵌碧玉笔筒》

> 将纯金或纯银拉成细丝或压成薄片嵌入玉器上的图案中

博得 30 年后马爷名

此后整整 30 年，马进贵已从当时到北京玉器厂进修的少年，成长为新疆玉器界的领军人物。虽然“阅玉无数”，但因各种原因，再也没有和金银错亲密接触的机会。但金银错却“余音绕梁，卅年不绝”——金银错已成为他玉器取经路上的紧箍咒，每当马进贵雕出一件传世的作品时，总是会睹物伤情，想起金银错，“心里一直想着这件事”。

2000 年，中断多年的中国工艺美术界最高奖“百花奖”将重新开评的消息传遍了中国整个工艺美术界。沉寂多年的工艺美术大师纷纷摩拳擦掌，希望在这“华山论剑”中奠定自己在工艺美术界“东邪西毒南帝北丐中神通”的“江湖地位”。此时的马进贵已成名多年，已经对个人名利不那么在乎了。但是，参加“百花奖”评比已经不是自己个人的事情。如今的马进贵已贵为“马大师”，而“马大师”不只代表马进贵自己，还代表着整个新疆玉雕流派。

什么样的作品，既能一鸣惊人，又能体现新疆风情？舍金银错玉器其谁？从1970年放弃研究金银错，到2000年重新把制作金银错玉器提上日程，金银错情怀在马进贵内心已游荡了整整30年。

此时的马进贵已经开办了自己的玉雕公司。终于可以心无旁骛做自己想做的事情，恢复和完善金银错嵌宝石玉雕工艺成为公司的头等大事，而他本人，更是将全部精力都放到了金银错研究上。

很快，作品《白玉错金嵌宝石西番壶》的画稿成型。这幅画稿马进贵用了30年来构思，表达的是他对金银错的理解和对新疆玉雕风格的定位，马进贵也把这件作品看成自己艺术生涯的总结。画稿很快出炉，但是雕玉成器却用了整整四年。

四年时间，马进贵先后做坏了三把壶。第四年，终于做成了一白一黑两个作品——《白玉错金嵌宝石西番壶》和《墨玉错银嵌宝石西番壶》。2004年，在中国玉雕最高奖“天工奖”评选中，二者分别获得银奖和铜奖。以此为标志，失传了30多年的金银错玉器终于重出江湖。马进贵也因为恢复了失传的金银错工艺而博得“马爷”之名。

此时的马爷已经不再是当年在故宫临摹金银错玉器珍品的马进贵，他已经不满足于金银错玉器的“回归”，而希望金银错成为个人玉雕独特的艺术语言，并形成新疆玉雕的独特风格。他一方面不断改进生产工艺，把伊斯兰文

工作中的马进贵

化融入金银错玉器中，让金银错玉器的西域特色更加鲜明；一方面让更多的年轻人参与到金银错玉器的研制中来，收徒教学，确保金银错玉器制作工艺不会再次失传。

他还探索金银错工艺在不同玉石材质上的可行性，例如在水晶体上错金、嵌宝石。水晶的硬度与和田玉相当，但脆性极强，在薄如蝉翼的水晶杯上錾出纹丝不差的槽沟和鲜活的花卉凹形，并且准确无误地将金丝、金片、宝石镶嵌其中，工艺的难度和面临的挑战都是空前的。“一不小心，水晶就会碎，功亏一篑。”即便这样，马进贵依然不断挑战人工的极限，其《水晶错金嵌宝石圣水杯》凭借空灵典雅的气韵以及巧夺天工的技艺，荣获 2009 年中国玉石雕刻“天工奖”金奖。

马进贵乐于向人们展示他历年来收藏的各种鼻烟壶，他认为小小一个鼻烟壶，承载着一脉相承的传统文化，各个时代、各个民族的审美都在上面呈现着。鼻烟壶之所以内容丰富，是因为大肚能容、兼容并包，“只有包容了，豁达了，能够广泛地吸收，才能发展”。纵横于历史与现代之间，驰骋于中西方文化交会地带的马爷，在海纳百川中，佳作接连问世并屡获大奖：《白玉薄胎错金嵌宝石阿布杜瓦瓶》《墨玉错金饕餮纹象耳瓶》《白玉错金嵌碧玉文玩十一珍》……

从艺 40 多年，马爷最终把自己和金银错打包，成为当前的玉器传奇。曾经，有太多玉石藏家，都在捕捉“马爷”的动态，期待马爷能给玉雕带来新的传奇。如今，马爷已逝，马爷和金银错的故事，已成为玉雕江湖中的传奇。

△《水晶错金嵌宝石圣水杯》

《白玉薄胎错金嵌宝石阿布杜瓦瓶》

《墨玉错金饕餮纹象耳瓶》

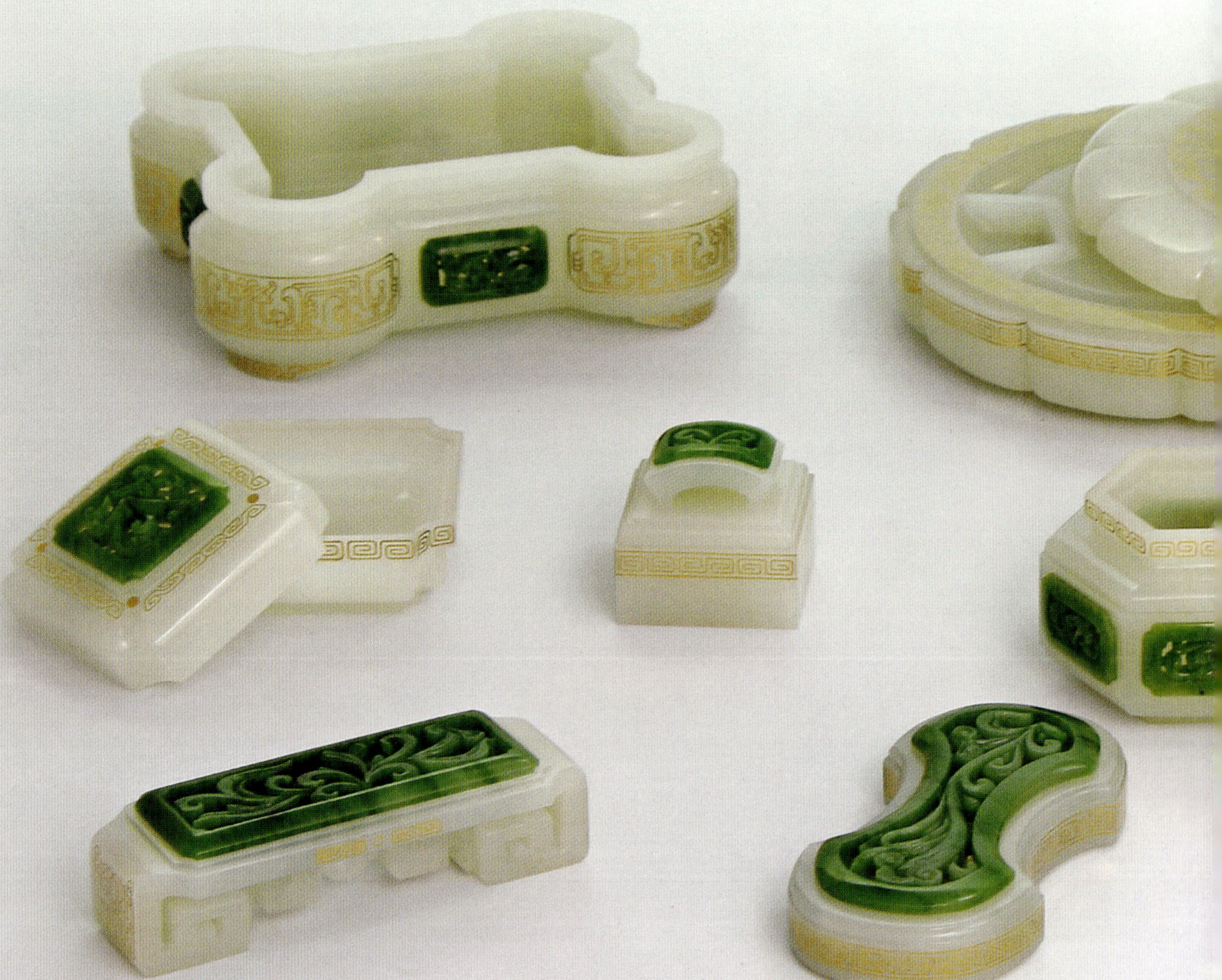

图书在版编目（CIP）数据

金 / 雷虎撰 ；阮传菊摄影. — 北京 ：北京出版社，2020.12
（大国工匠）
ISBN 978-7-200-16096-3

Ⅰ. ①金… Ⅱ. ①雷… ②阮… Ⅲ. ①非物质文化遗产—民间艺人—生平事迹—中国—现代②非物质文化遗产—介绍—中国 Ⅳ. ①K825.7②G122

中国版本图书馆CIP数据核字(2021)第060882号

封面题字：李 杰
总 策 划：李清霞
策划编辑：黄雯雯
责任编辑：王若凡
装帧设计：q-design
责任校对：魏旭辉
责任印制：武绽蕾

大国工匠
金
JIN

雷 虎 撰 阮传菊 摄影
*
北京出版集团
北京出版社 出版
（北京北三环中路6号）
邮政编码：100120
网 址：www.bph.com.cn
北京出版集团总发行
新华书店经销
北京华联印刷有限公司印刷
*
180毫米×255毫米 16开本 13.75印张 242千字
2020年12月第1版 2020年12月第1次印刷
ISBN 978-7-200-16096-3
定价：189.00元
如有印装质量问题，由本社负责调换
质量监督电话：010-58572393